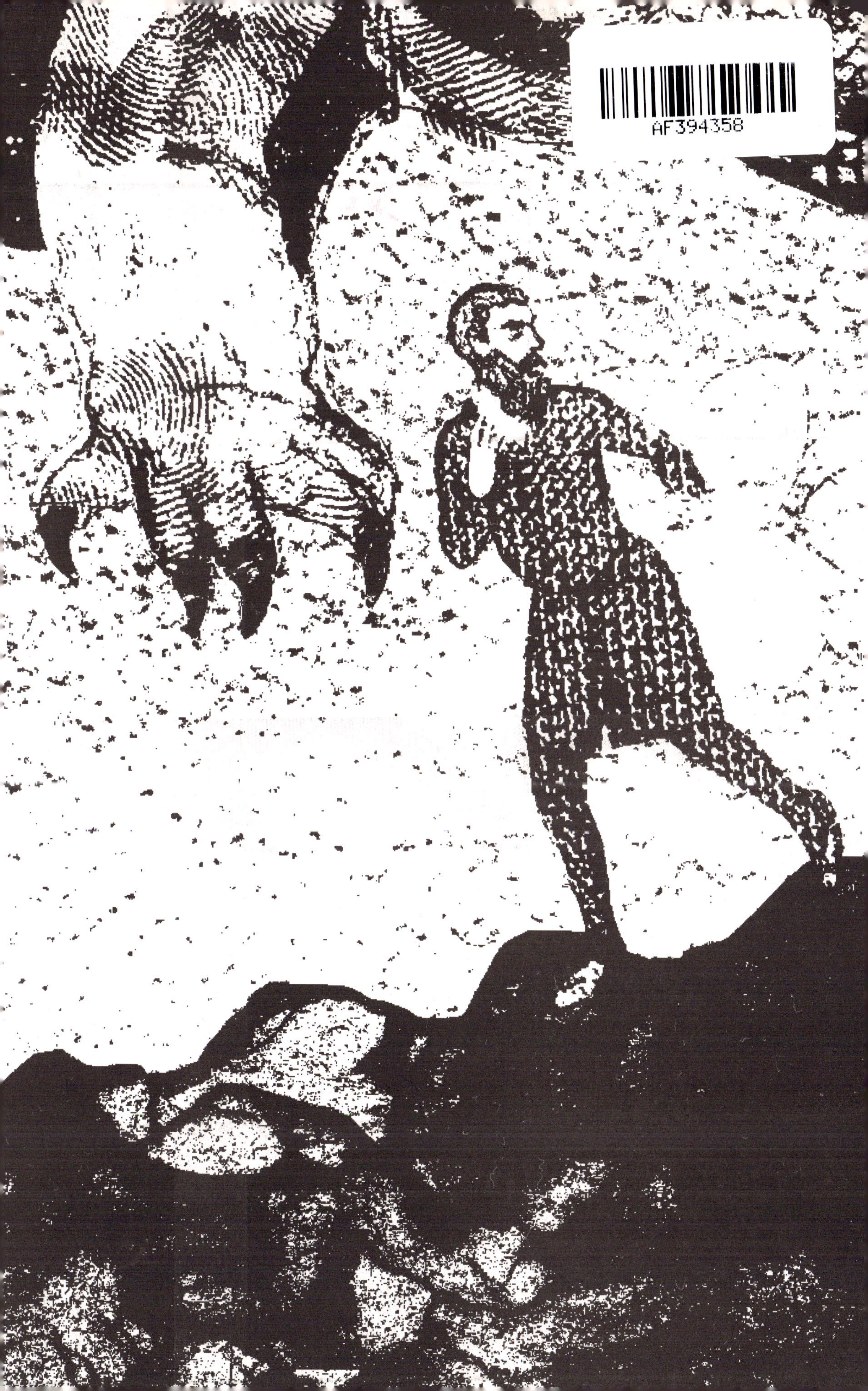

AF394358

ATTRACTION ÉTRANGE

par
LOUISE HERVÉ & CHLOÉ MAILLET

avec
CÉLINE MINARD
EMMANUELLE PIREYRE
STÉPHANE BÉRARD

couvertures illustrées par
ÉLODIE BOUÉDEC
DOMINIQUE BERTAIL

publié par
FRAC CHAMPAGNE-ARDENNE
CENTRE D'ART CONTEMPORAIN —
LA SYNAGOGUE DE DELME
KUNSTVEREIN BRAUNSCHWEIG E.V.
CENTRE D'ART CONTEMPORAIN D'IVRY —
LE CRÉDAC
MARCELLE ALIX, PARIS
FONDATION D'ENTREPRISE RICARD
I. I. I. I.

distribué par
JRP|RINGIER

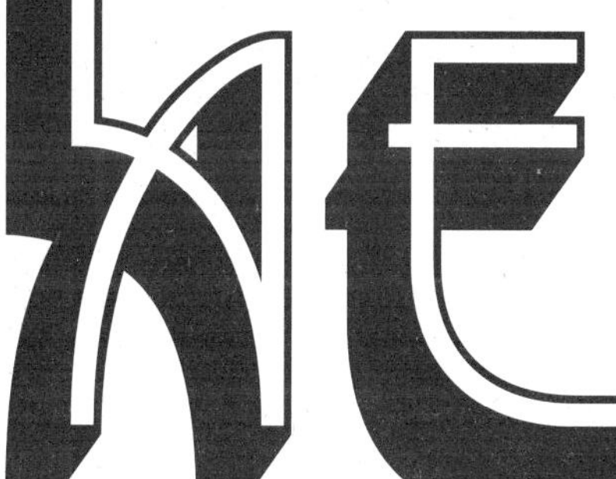

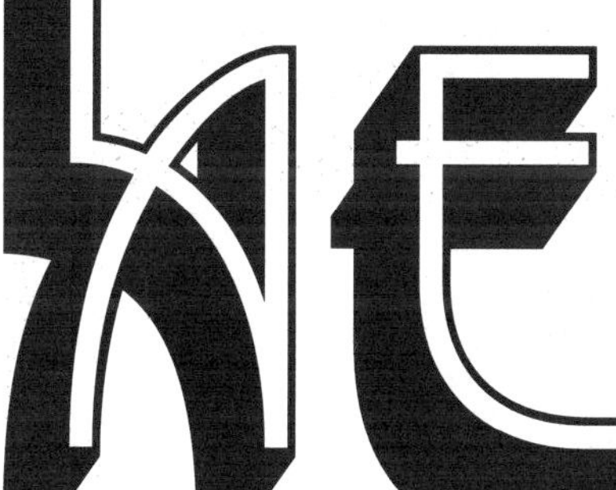

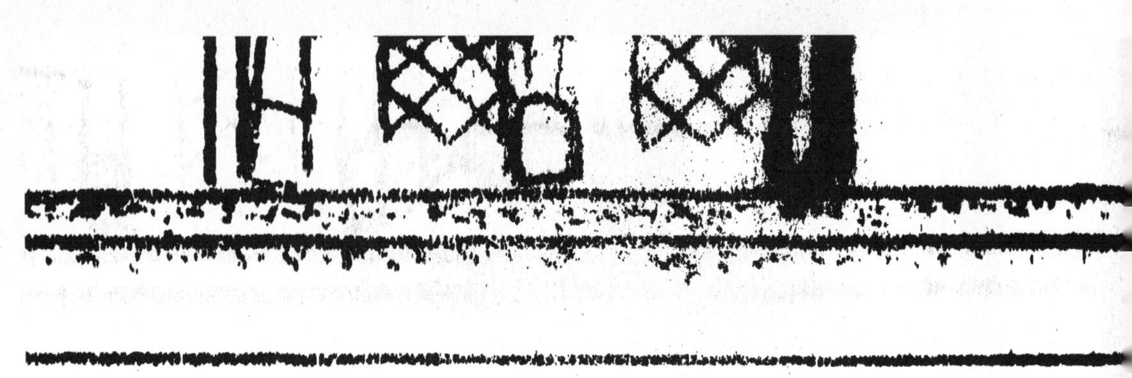

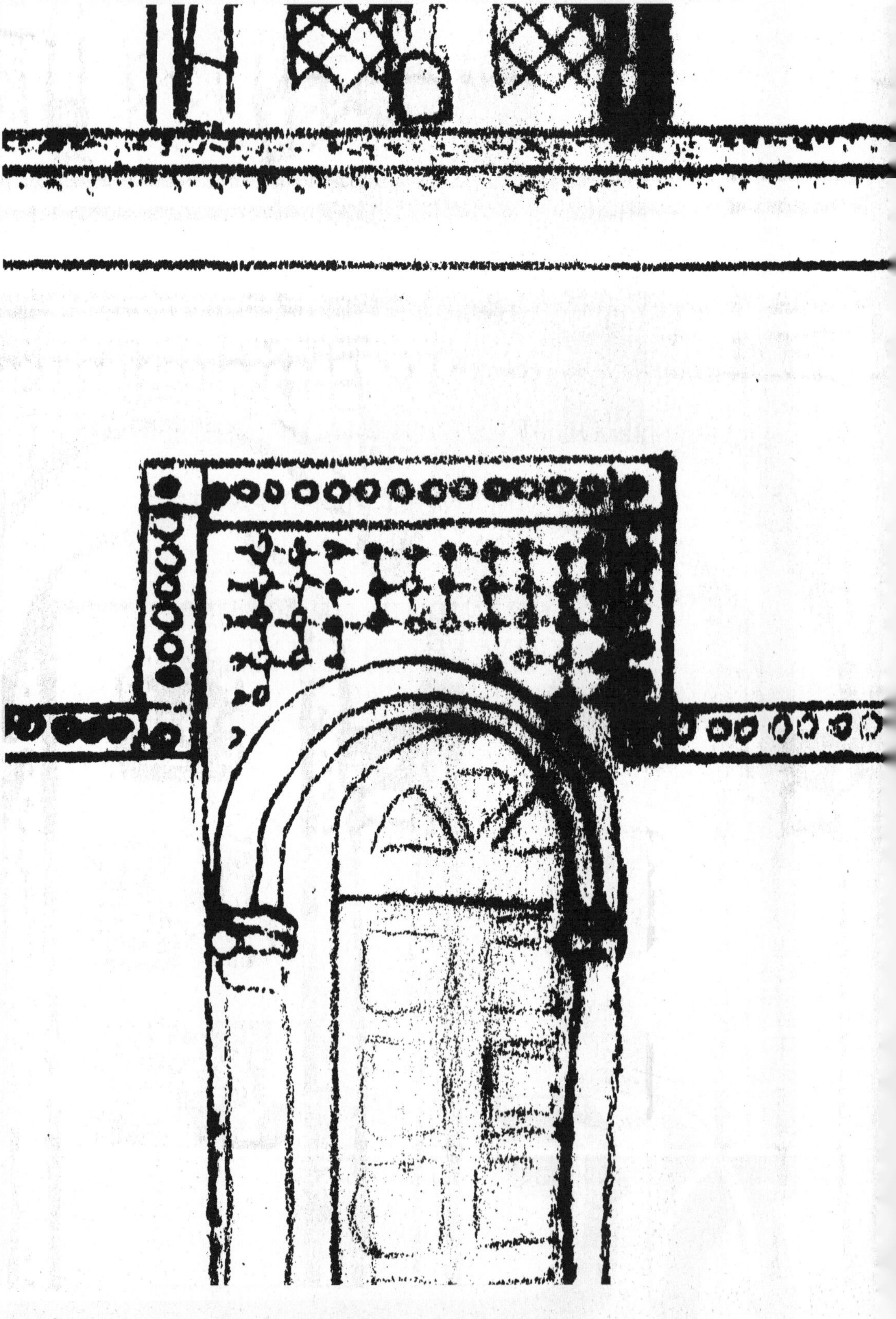

Le centre d'art contemporain — la synagogue de Delme
pendant l'exposition *Attraction étrange*, 2012

ÉTRANGE ATTRACTION

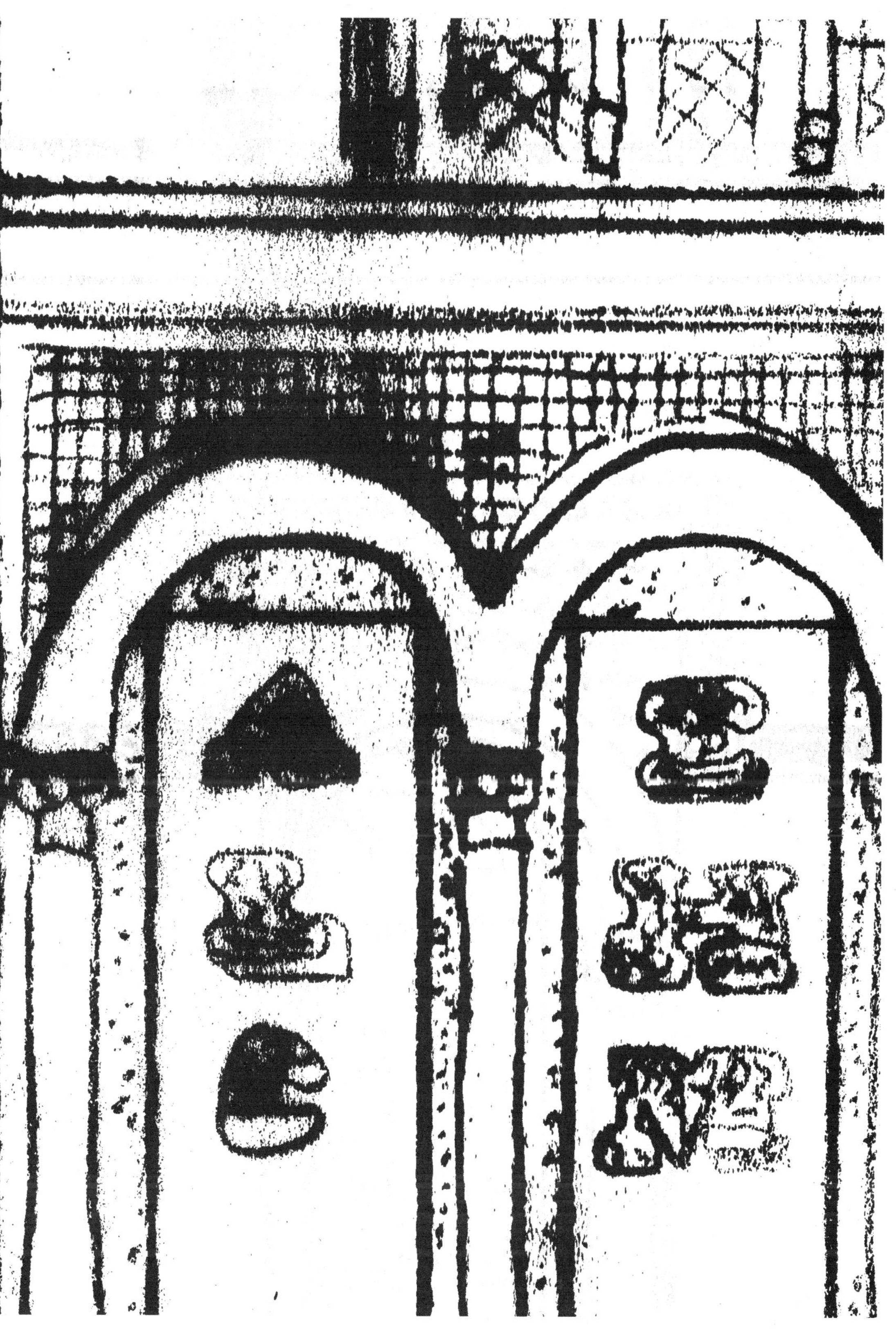

par
CÉLINE MINARD

I.1

Certaines images pouvant heurter la sensibilité du public, nous tenons à préciser que la scène d'hyper-violence caractéristique du goût de l'époque (une créature tranche la tête d'un homme à l'aide d'une épée rouillée et mal affûtée, de l'œil gauche à la pommette droite sur un angle de 45°, attend que le corps s'affaisse et se jette à genoux pour frapper la partie supérieure de la boîte crânienne détachée de sa mâchoire à l'aide de la poignée de son arme, faisant ainsi jaillir du fragile et sanglant agrégat quelques morceaux gélatineux de cervelle) n'est pas exposée ici sans raison. Comme le disait Mesmer, « toute reconstitution est celle d'un crime et toute restauration, une tentative de l'annuler ». Et certes, la colle de peau utilisée pour ressouder l'os frontal du défunt ne le fera pas revenir à la vie mais au moins la soudure le rend-il à sa forme et nous permet de sauver en grande partie l'intégralité du volume qu'occupa son crâne.

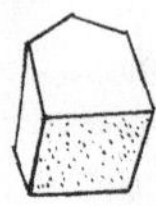

I.2.1

Cette carte ancienne du cours de la Seille décrit précisément le coude qu'elle forme à hauteur de la butte du Haut du Mont et situe l'action (fond plat alluvionnaire, 216 mètres d'altitude).

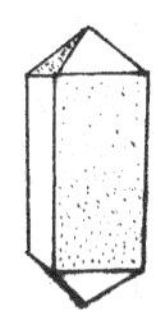

I.2.2

La lampe de sel gemme importée d'Égypte au premier millénaire était essentiellement destinée à l'éclairage des tombeaux et à la communication visuelle entre les deux surfaces du monde. Bien que nous en observions ici les traces d'un usage détourné, nous tenons à la disposition du public un alphabet gestuel rituel en annexe IV au sous-sol de l'exposition. (Attention à la partie supérieure du chambranle de la porte à la dernière marche. Elle est un peu basse.)

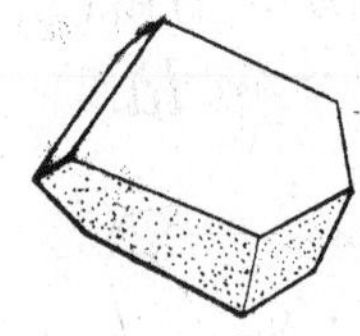

I.5

Il manque ici le détecteur de présence atomique que le département venait d'accueillir pour ses travaux sur la structure fantôme du crystal liquide. Vraisemblablement volé le soir du vernissage vers 19 h 52. Si quelqu'un voit quelque part un polyèdre de chrome aux arêtes vives doté de trois bouches à rayons, qu'il contacte sans attendre le service Delmite d'urgence au 3-18.cr. NB : les dimensions du polyèdre en question peuvent varier de tout petit à très grand, elles ne constituent donc pas un critère d'identification. Chrome, arêtes, bouches : tenez-vous en là.

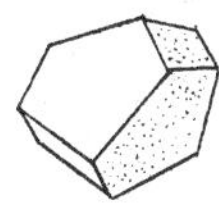

I.6

Les pots et les boucles de ceinturons sont toujours briqués à la Neurasthénine (formule Pastoin déposée en 04) durant les deux semaines qui précèdent la saison des pluies. (Voir II.5 pour le détail du contexte général.) Il arrivait qu'on y passât aussi certaines petites amulettes, dans la foulée.

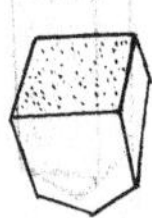

I.8

*Les tentatives de pêche au coup de savate étaient géné-
ralement récompensées d'une bonne injection. Ici, le
flacon de camouflage porte l'étiquette des établissements
Jeulin, fournisseur officiel du gouvernement. La savate
est d'une bonne taille.*

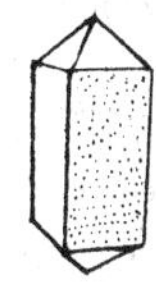

II.1

Selon son frère de linge, le jeune Trajinian n'était pas un maquereau mais un excellent gardien de bœufs. Le fait qu'il ait porté de minuscules couteaux dans ses bottes s'expliquerait par son mode de vie relativement nomade où l'encombrement est un souci qu'on essaie toujours de réduire au minimum. D'autres témoins avancent sous le sceau du secret qu'il aurait tout de même eu commerce avec de petites gens. Aux yeux fluorescents.

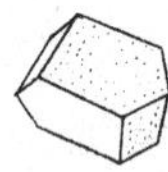

II.2

La dague de gaucher était la ruse la plus couramment utilisée pour masquer un crime de droitier. À tel taux que les enquêteurs avaient régulièrement recours au calcul des probabilités paradoxales pour éclaircir ce point.

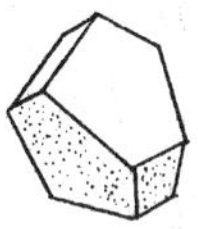

II.2.1

À noter l'étonnante puissance de souffle dont a fait preuve la victime affolée devant l'autel. Les épingles à cheveux récupérées montrent un indice de torsion rarement atteint dans ces circonstances. Pour un si petit poumon, qui plus est.

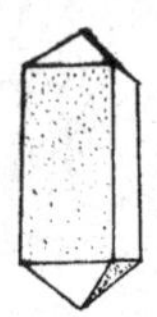

II.3

Le prélèvement des pis et de l'appareil génital, il est vrai, n'a pas été sans difficulté. Apparemment, il bougeait encore et son sang ne s'est figé qu'en tout dernier recours. Selon les analyses au polyèdre que nous avons eu le temps d'effectuer avant le vernissage, la fixion serait relativement instable.

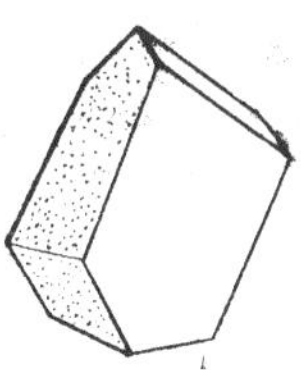

II.5

Les toits de chaume laissent filtrer les météores à la saison humide, ce qui est à la fois un encombrement en même temps que l'occasion de faire montre de ses meilleures pièces de vaisselle. De grandes fêtes sont organisées pour ouvrir et clore la saison dite, par exten-sion, saison des pots, où l'on voit certaines catégories de la population sortir les masques, défiler, incendier les meules et boire l'orangeade allongée sur les hauteurs en regardant brûler la plaine.

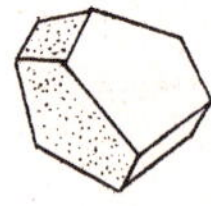

II.6

Contrairement à ce qu'on dit, la mallette de jeux de la Villa-aux-édredons aurait été exhaussée lors d'une séance de sourcier. Personne ne cherchait du pétrole ni le moyen d'augmenter sa collection de têtes d'épingles. En atteste le train de sonde retrouvé en aval et présenté en l'état. Bien trop court pour atteindre une poche d'or noir, Monsieur le maire ! Faites cesser ces rumeurs.

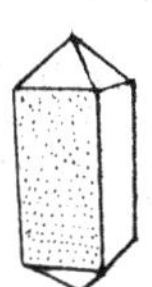

II.7

Il serait inutile de tenter de camoufler par exemple dans une cave le polyèdre dérobé car à l'image de son objet d'étude, il a tendance à réapparaître spontanément au cœur des contenants les plus inattendus. Des boîtes de laque. Des mules chinoises. Des blocs de cire. Des coffrets à gourmette Gentile en cuir repoussé. Des seaux pourris. Et même des ronds de tuyaux.

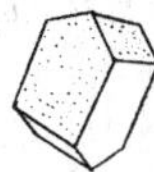

II.8

La chasse à l'iguane au nid d'hirondelle, moins appréciée par l'élite en raison des saletés qu'elle produit (paille, urine, carton), était gratifiée d'une simple vaporisation ou atomisation. De qualité néanmoins respectable puisque ce serait justement à l'une de ces occasions que le petit Trajinian aurait eu son premier accès de voyage plume (d'où il rapporta, entre autres, ses minis sarcophages).

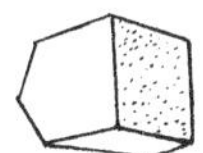

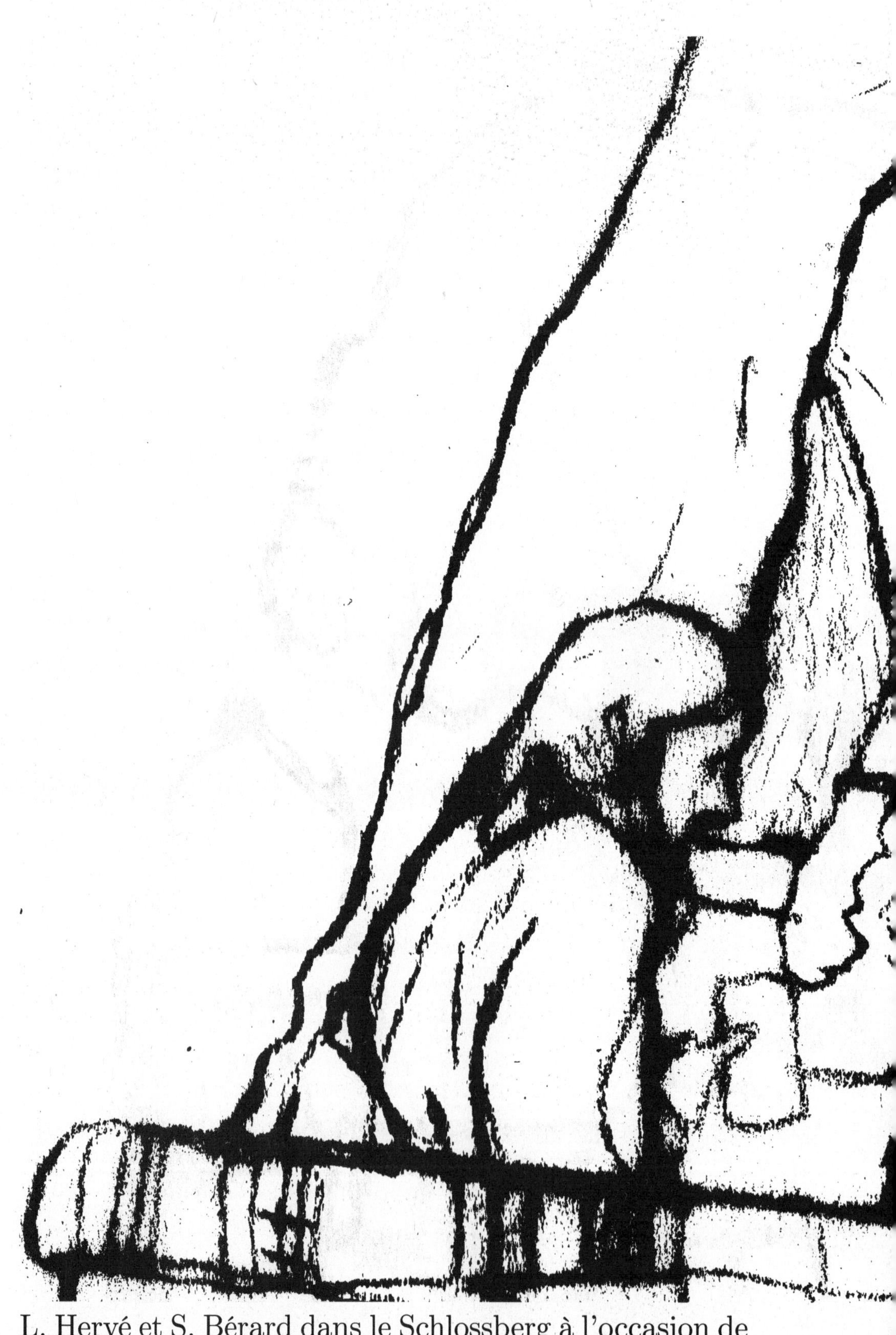

L. Hervé et S. Bérard dans le Schlossberg à l'occasion de l'exposition *Der Dritte Ort, Le Troisième Lieu*, Grazer Kunstverein, 2009

ATTRACTION ÉTRANGE

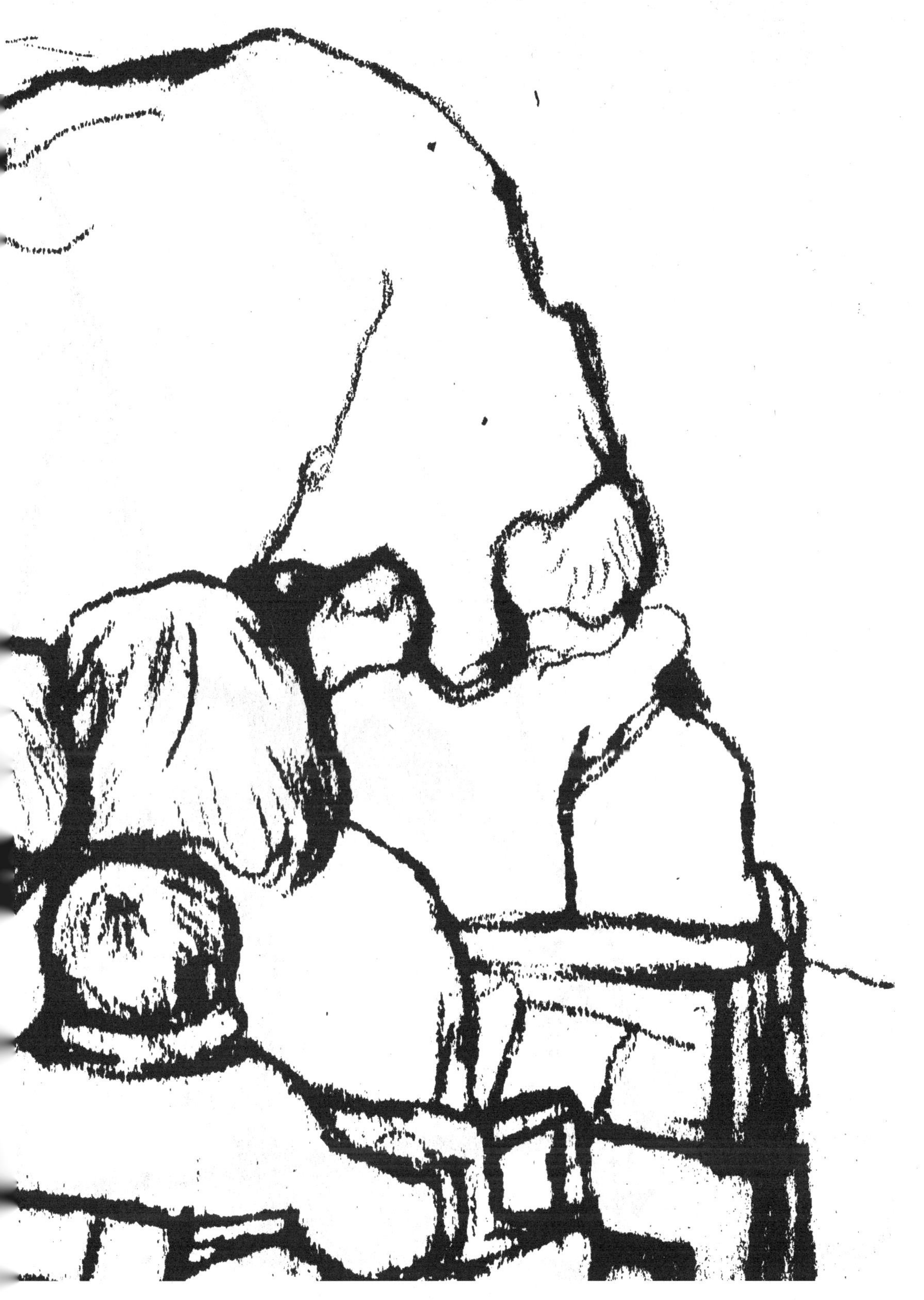

par

LOUISE HERVÉ & CHLOÉ MAILLET

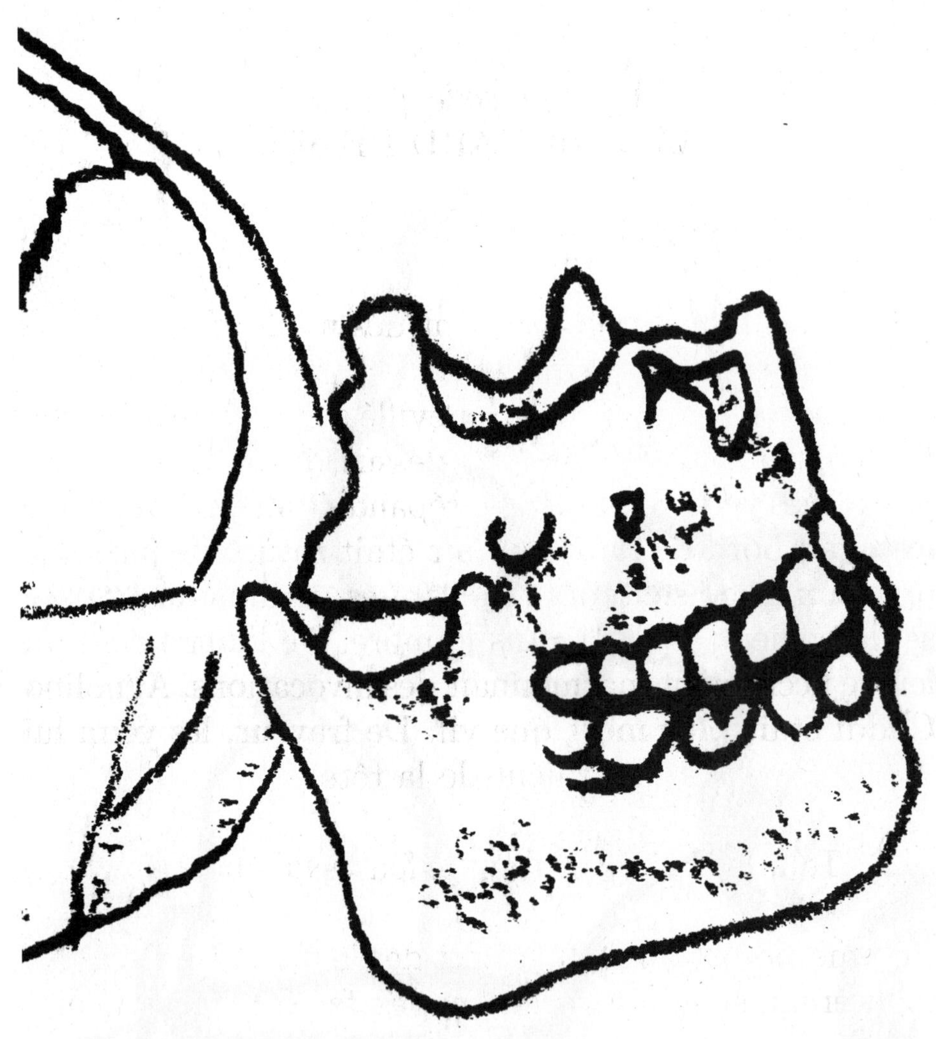

Crâne avec des marques de coups, région de Delme,
collection Ad duodecimum

Feuilleton paru dans Le Républicain Lorrain, *édition du Saulnois, du 23 février au 26 avril 2012.*

★

épisode 1
LE POIGNARD DE SEL

★

« Benvenuto ! Ils sont des milliers ! »

Le jeune garçon était recroquevillé sous le pentacle que Benvenuto Cellini tenait au-dessus de sa tête. Cellini plissait les yeux. La fumée se répandait au-delà du cercle jusqu'au bord de l'arène ; l'air était saturé de parfums précieux et de senteurs fétides. Les gradins du Colisée se devinaient à peine dans l'ombre. De l'autre côté du feu, le nécromant marmonnait des invocations. Agnolino Gaddi était plus mort que vif. De frayeur, les yeux lui sortaient de la tête.

« Tout le Colisée brûle et le feu vient sur nous ! »

Comme pour répondre au cri de l'enfant, les flammes montèrent soudain, éclairant les faces atroces d'une armée de démons. Les fantômes gambadaient autour du cercle, remplissant tout le Colisée de leur présence silencieuse. Le nécromant lui-même blêmissait de terreur ; jamais il n'avait vu une telle légion de diables répondre à ses appels. Seul Cellini à présent dissimulait son émoi sous un visage impassible. Le nécromant jeta en hâte une nouvelle épice sur le feu, qui brûla avec une odeur écœurante, et récita de nouvelles imprécations. Quelques fantômes se mirent à fuir. Puis ils disparurent par centaines, avalés par les couloirs souterrains, les passages et les murs effondrés. Des silhouettes menaçantes continuèrent cependant à hanter les ruines jusqu'à ce que sonnent matines. Le son des cloches dispersa les dernières ombres, et Cellini quitta lentement le Colisée.

★

Annibalino se tourna vers moi d'un air de doute.

« Chère Ghita, vous ne comptez tout de même pas enfiler votre robe dans ces pantalons bouffants, chevaucher un tronc de sapin, et vous laisser glisser jusqu'au fond de la mine ? L'effet en sera certainement très comique. »

Je considérai un instant le tunnel noir. L'idée me ravissait au contraire ! L'officier bavarois proposa avec empressement de lancer les préparatifs, et l'on nous mit bientôt en selle sur des troncs, c'était très pittoresque. Annibal s'était décidé, sans enthousiasme, à nous accompagner. L'Allemand avait pris place derrière moi et Arrigo à sa suite. En équilibre précaire, nous glissions depuis un quart de lieue à travers la mine, quand nous débouchâmes dans une salle souterraine. J'en eus le souffle coupé : elle était éclairée par cent petites lampes qui en paraissaient dix mille à cause des cristaux de sel sur les parois reflétant la lumière de tous côtés. Tandis que j'étais perdue dans la contemplation de la grotte, Arrigo, un sourire moqueur aux lèvres, s'approcha de moi et murmura :

« Je crois que ce jeune officier est en train de cristalliser sur vous. »

★

Au lever du soleil, Cellini atteignit les Banchi. Un prêcheur tentait de garder son calme devant les rires des petits orphelins qui lui jetaient des trognons de pommes. La foule qui se pressait autour de lui était agitée. La mort du pape venait d'être annoncée, et le péril menaçait encore plus que de coutume dans ce quartier fréquenté par des vendeurs en tous genres, des charlatans, et des brigands. Cellini, qui s'était pourtant engagé à ne pas reparaître aux Banchi après ses différends avec Pompeo, n'avait pu résister à l'envie d'observer de près les troubles agitant l'interrègne.

Pompeo avait toujours été son ennemi, son rival, le seul qui osât mettre en doute son talent d'orfèvre. Et pourtant c'était lui, Benvenuto Cellini, et non Pompeo de' Capitanis, qui avait été choisi entre tous les joailliers de Rome pour ciseler le fermail du pape Clément VII, celui-là même dont la mort venait de précipiter Rome dans des temps incertains. Dépité par sa défaite, Pompeo avait essayé à de nombreuses reprises de ternir la réputation de Cellini auprès du pape, en l'accusant de mille méfaits. Cellini s'était juré de passer l'éponge sur ces offenses répétées, mais il portait toujours sur lui un joli poignard orné.

Il avait eu autrefois entre les mains de petits poignards turcs gravés de feuillages, et finement incrustés d'or. Ceci l'avait incité à travailler longuement à de nouveaux ornements. Il avait réalisé de nombreuses commandes de ce genre, beaucoup plus variées et sophistiquées que les armes orientales. Les gens qui n'y connaissent rien appelaient ces orneménts « grotesques », parce qu'ils ressemblaient à ce que les Modernes avaient découverts dans les cavernes de Rome. Ces lieux n'avaient rien de souterrain dans l'Antiquité, c'était seulement l'exhaussement progressif du sol qui les avaient enterrés et fait apparaître comme des grottes. Certaines de ces salles magnifiques avaient été volontairement comblées par les Romains ; c'était le cas de la plus merveilleuse d'entre elles, dont les salles labyrinthiques s'étendaient sous le Colisée : la *Domus Aurea*, ou Maison Dorée. Ce magnifique palais aux murs décorés de stucs peints et de fresques splendides présentant des feuillages colorés, des animaux, des êtres hybrides et effrayants, était celui de l'empereur Néron, dont les chroniques romaines racontaient les crimes sanglants. Cellini pensait que l'on avait tort de parler de grotesques à propos de ces ornements. C'étaient en réalité des monstres.

Dans la foule des Banchi, Cellini eut un sursaut : Pompeo se tenait face à lui.

Pompeo le provoqua, si injurieusement cette fois qu'il peina à se contenir. Tous ses amis autour de lui l'incitèrent à dégainer son épée pour relever le défi. Cellini ne pouvait s'empêcher de penser à son petit poignard ouvragé, et à la lame bien affilée. N'y tenant plus, il sortit vivement l'arme ornée de grotesques de son pourpoint, et frappa Pompeo juste sous l'oreille......

à suivre

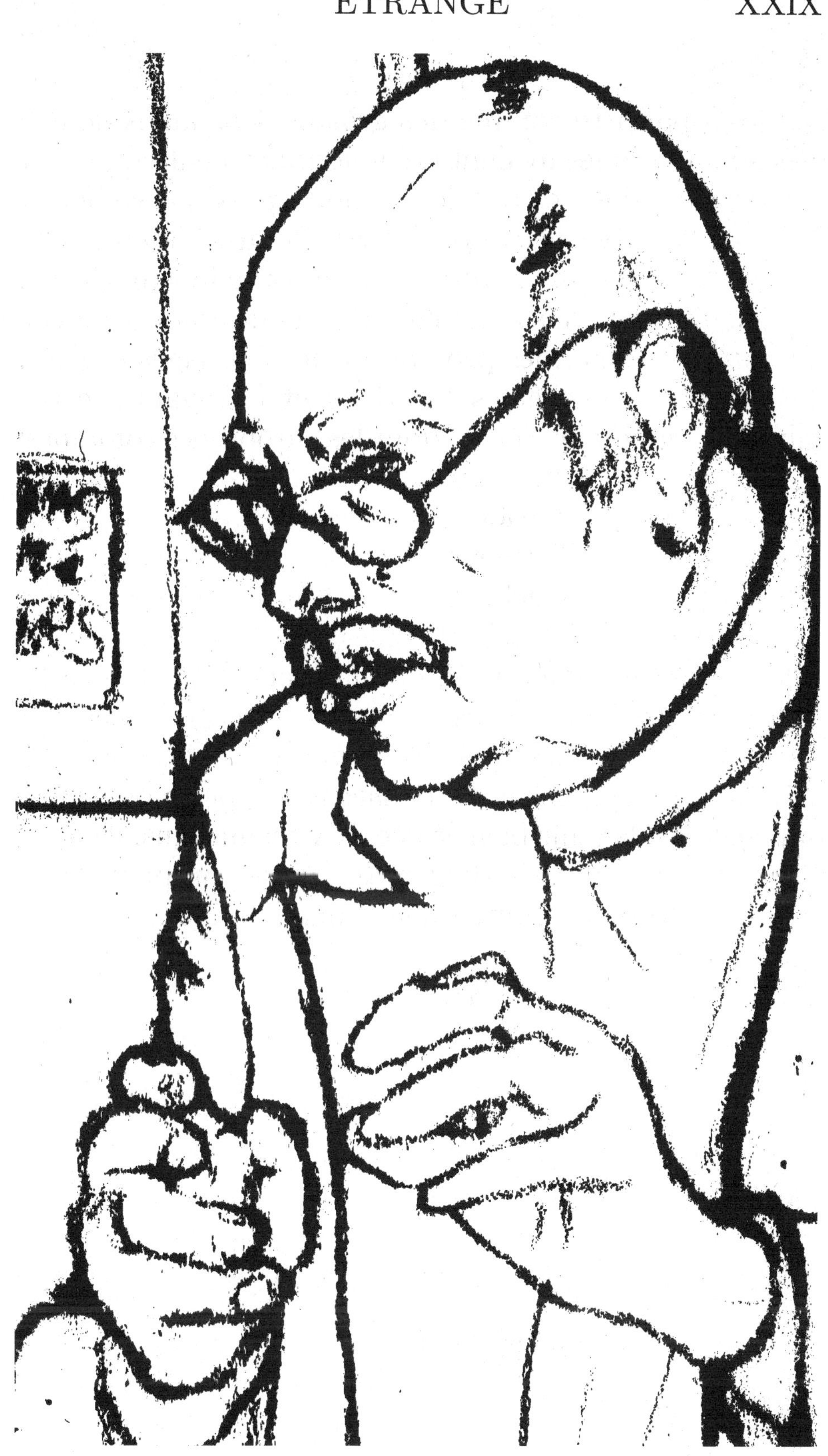

Le professeur Scheier pendant l'exposition *Pythagore et les monstres* à la Kunstverein Braunschweig, 2012

épisode 2
UN INTÉRÊT RAISONNABLE
POUR LE DIORAMA

résumé de l'épisode précédent
La Ghita est en excursion touristique dans une mine
de sel. À Rome, profitant des troubles publics liés à
la mort du pape, Benvenuto Cellini a convoqué une
assemblée de fantômes dans le Colisée, et a décidé de
se débarrasser une fois pour toutes de son rival......

★

Cellini frappa une fois, puis une autre, et Pompeo tomba
mort à ses pieds. Il n'avait pas eu l'intention de le tuer,
mais comme on dit, on ne mesure pas ses coups. De la
main gauche, Cellini arracha le poignard de la plaie, et
de la droite il dégaina son épée pour se défendre des
alliés de Pompeo.
Un grincement mécanique se fit alors entendre, et la
silhouette de Cellini reprit la position qu'elle avait au
début de la scène, son arme cachée dans le pourpoint.
Pompeo se releva. Le diorama était terminé. Les lampes
colorées s'éteignirent.
Le wagonnet dans lequel nous étions installés se déblo-
qua et reprit la montée. Il s'arrêterait encore à quelques
mètres, de façon à nous faire assister à une autre scène
ridicule de reconstitution historique, comme celle que
nous venions de voir. Régine avait l'air de s'amuser,
elle observait avec curiosité le tunnel, en se contorsion-
nant sur son siège de bois pour jeter un dernier coup
d'œil à la niche creusée dans le rocher où l'on avait vu
Cellini commettre son forfait. Les dioramas n'étaient
pas en très bon état, les vêtements des mannequins
étaient vieillis, recouverts de poussière. Des restes de

décors étaient maladroitement dissimulés derrière des bâches de plastique sale le long des rails, en attente d'une hypothétique restauration. Pendant que le train peinait dans la pente, le conducteur, qui faisait office de guide, déroulait mollement son laïus à l'attention des passagers :

> « Les galeries où nous nous trouvons ont été creusées pendant la Seconde Guerre mondiale pour servir de base militaire et d'abri anti-aérien. Les tunnels sont longs de plus de six kilomètres, pour une surface totale de 12 000 mètres carrés. On peut ainsi traverser la colline de part en part en empruntant le couloir principal, ou bien rejoindre la forteresse au sommet grâce à l'ascenseur, le Schlossberglift, construit en l'an 2000. Le Dom im Berg, la plus grande des salles, peut accueillir jusqu'à mille personnes au plus profond de la montagne. Elle sert aujourd'hui de lieu de culte. »

Le guide avait bien entendu passé sous silence les circonstances de la construction des souterrains. Il omettait de mentionner que seul le travail forcé organisé par les Nazis avait rendu possible l'entreprise. Régine ne semblait pas prêter attention à la visite guidée. Elle trépignait d'impatience en attendant le diorama suivant. J'aurais préféré aller explorer les dizaines de couloirs qui s'ouvraient à droite et à gauche du tunnel principal. Ils semblaient si profonds et si sombres qu'il devait être facile de s'y perdre.
Le guide actionna le levier du frein, le train s'arrêta avec un sursaut. Dans le silence du souterrain, il annonça d'une voix lasse :

« La grotte de Pythagore ! »

★

« La Ghita, voulez-vous échanger avec moi
votre rameau ? »

J'étais amusée et émue de la maladresse du jeune
Allemand. Je jouais avec la jolie brindille couverte de
diamants mobiles que les mineurs m'avaient donnée
au sortir de notre expédition. Le rameau que l'on avait
offert à mon jeune officier était plus délicat encore ;
le sel y avait déposé un millier de petits prismes qui
resplendissaient dans la lumière d'août filtrée par les
vitraux verts de l'auberge autrichienne. Il était impossible de savoir s'il s'agissait d'une branche ou d'un
bijou serti par le meilleur des joailliers. Je procédai
volontiers à l'échange et en profitai pour lui proposer
de partager notre déjeuner du lendemain. Sans dire un
mot, il eut le geste délicat de poser le rameau contre
son cœur, et Annibal, qui l'observait de près depuis
la mine, lui lança un regard méprisant. Arrigo sauva
le jeune homme de la colère d'Annibal en l'entraînant
dans un coin de la grande salle de l'auberge. Je sentais
bien qu'Arrigo, toujours curieux de pittoresques ren-
contres, avait décidé de faire du joli Bavarois son nouvel
objet d'étude. Ils s'entretinrent longtemps, en jetant
parfois quelques regards de mon côté. J'étais si curieuse
d'entendre ce qu'ils pouvaient bien se dire, que je fus
surprise par la voix irritée d'Annibal, tout près de moi :

« Vous pourriez nous épargner la compagnie de
ce blondin fade aux yeux hébétés, chère amie. »

★

La grotte devant laquelle le petit train s'était arrêté était séparée en deux par un large rideau pourpre. À gauche, il y avait une foule d'hommes et de femmes drapés dans des *peploi* blancs ; leurs visages, sur lesquels se lisait une expression d'attente, étaient tournés vers la draperie qui leur masquait complètement le fond de la caverne. De l'autre côté de cette étoffe infranchissable pour les disciples, se tenait dans l'ombre un homme majestueux, hiératique : Pythagore. Il était légèrement vêtu d'une exomide pourpre qui dégageait une épaule puissante, et laissait deviner une musculature magnifiquement développée et parfaitement symétrique. Un rai de lumière tombait juste sur sa cuisse droite, resplendissante, qui semblait toute façonnée d'or pur. Deux disciples ésotériques étaient à ses côtés, un homme et une femme, debout, en position d'orants. C'était pour cet homme, mathématicien, mage et athlète, que l'on avait forgé le mot de philosophe. Le divin Pythagore ouvrit la bouche, et une voix profonde retentit......

à suivre

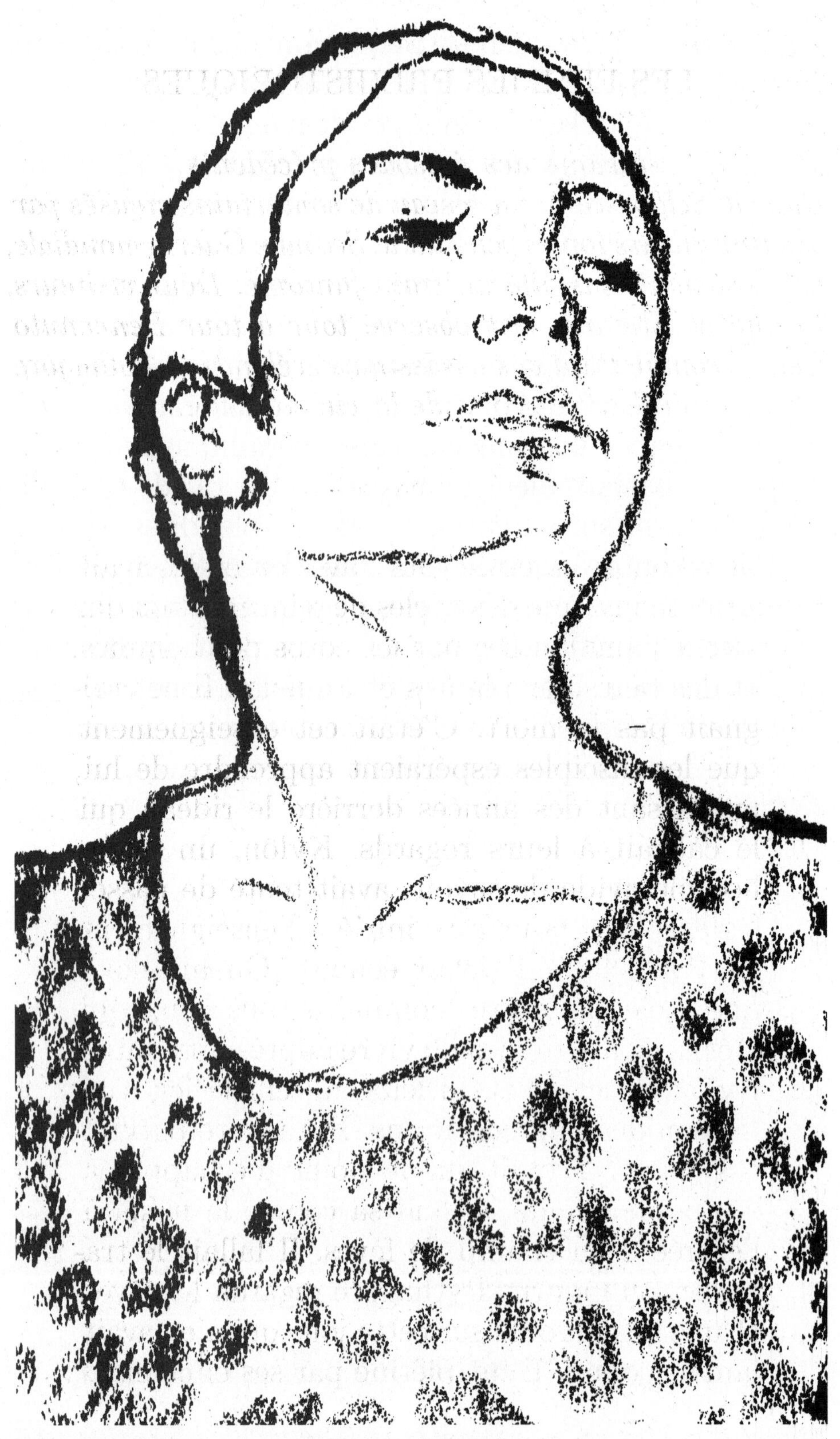

L. Hervé pendant la performance *Avant le monde et après (serial)*, Centre d'Art Contemporain Genève, 2011

épisode 3
LES FEMMES PRÉHISTORIQUES

résumé des épisodes précédents
Dans le Schlossberg, un réseau de souterrains creusés par des travailleurs forcés pendant la Seconde Guerre mondiale, est désormais installé un train fantôme. Deux visiteurs, Régine et Étienne, ont observé tour à tour Benvenuto Cellini commettant des assassinats scélérats et Pythagore révélant le secret de la vie éternelle......

★

« Pythagore, comme vous l'avez entendu, avait percé le mystère des cycles de réincarnation qui voient l'âme passer par les corps des hommes et des bêtes, les plantes et les fèves. Il ne craignait pas la mort. C'était cet enseignement que les disciples espéraient apprendre de lui, en passant des années derrière le rideau qui le cachait à leurs regards. Kylôn, un jeune homme avide de savoir, avait tenté de passer les épreuves pour être initié à l'enseignement de Pythagore. Il avait échoué. On lui éleva une stèle funéraire, comme à tous ceux qui n'étaient pas dignes de vivre auprès du maître. Kylôn et ses amis, furieux, mirent le feu à la maison des pythagoriciens. Pythagore parvint à s'enfuir. Il était sur le point d'échapper à ses poursuivants, quand sa course le mena à l'entrée d'un champ de fèves. Il fallait le traverser, ou mourir. Pythagore regarda les fèves et une larme roula sur cette joue qui n'en avait jamais connu. Il fut piétiné par ses ennemis. »

Après avoir dit ces mots, le conducteur du train essuya
une larme. Il devenait sentimental. Je voyais bien que
Régine, à côté de moi, commençait à s'agiter.
Le guide reprit son discours d'une voix humide :

« Le tabou que les pythagoriciens avaient imposé
sur les fèves trouvait son origine dans l'impor-
tance qu'ils accordaient au principe féminin.
Les fèves ressemblent à un sexe de femme, et
ils pensaient que lorsqu'elles étaient enterrées
pendant une durée convenable, environ quatre-
vingt-dix jours, elles prenaient une forme encore
plus caractéristique. Les pythagoriciens se réu-
nissaient de nuit, ce qu'ils préféraient à cause
de la Lune. La nuit est la mère primitive, elle
est plus ancienne que le jour. »

Je pressentais que notre guide n'en resterait pas là de ses
explications, et je craignais la suite. Régine n'allait pas
apprécier. Nous étions à la merci de notre conducteur
dans le petit train arrêté, je n'attendais que d'avancer
enfin pour passer de l'autre côté du rideau et sortir à
l'air libre.
Le guide actionna le levier, et nous repartîmes. Le tunnel
n'était plus éclairé. Après un tournant, il devint évident
que nous nous approchions d'un autre diorama ; on dis-
tinguait une faible lueur dans l'obscurité. Je finis par
comprendre qu'il s'agissait d'un feu de bois artificiel,
autour duquel, sur fond de caverne, étaient regroupés
des hommes préhistoriques. Mais non ! Quand mes yeux
furent habitués à la pénombre, je m'aperçus qu'il n'y
avait pas d'hommes, il n'y avait que des femmes, à demi
vêtues de lambeaux de peaux de bêtes. Elles faisaient
griller une sorte de reptile sur une longue broche. Deux
d'entre elles dansaient avec des mouvements répétitifs.

Les concepteurs du diorama avaient visiblement cherché à illustrer les théories de Bachofen sur le matriarcat primitif, sans beaucoup d'imagination. Je remarquai qu'ils avaient même placé une petite Vénus préhistorique dans une niche sur la paroi de la caverne, pour sous-entendre que les femmes lui vouaient un culte. C'est peut-être cette scène qui avait provoqué l'obsession du guide pour la gynécocratie archaïque. Il contemplait à ce moment la fantaisie préhistorique d'un air attendri.
Régine s'était levée de son siège. Elle approchait du diorama. Ses cheveux gris prenaient des reflets fauves dans la lumière colorée du brasier. Notre conducteur ne l'avait pas vue descendre, il remit en marche le train. Je le hélai en lui expliquant que ma mère était descendue du wagon et restée en arrière. Le guide prit un air affolé, sauta de son siège et se précipita vers le diorama, qui avait disparu derrière nous dans un autre coude du souterrain. Je le vis passer le long de mon wagonnet, il courait en faisait des moulinets avec les bras. Je sautai du petit train en marche, mais j'avais mal calculé mon élan, je fus projeté sur le dos et mon crâne cogna le sol. Quand je me relevai, le guide avait pris beaucoup d'avance sur moi. J'essayai de le rattraper, mais la tête me tournait.
De loin, je voyais que Régine avait détruit l'un des mannequins dansants et s'attaquait au deuxième à coups de pieds.

« Je vais lui arracher le cœur ! »,

hurla le guide.

Régine abandonna les figurines ravagées et se tourna lentement vers lui avec un sourire cruel. Elle se pencha, ramassa un poignard de pierre taillé, et s'avança posément

vers le guide. L'homme ne bougeait plus, il était tétanisé.
Régine était toute proche de lui maintenant ; sous la
menace de son arme, elle le faisait reculer vers le brasier
des femmes préhistoriques. D'un geste brutal, Régine
arracha le badge de guide-conférencier du Schlossberg
qui était attaché à son cou. L'homme reculait toujours,
jusqu'à ce qu'il soit arrêté par la pique sur laquelle
rôtissait le reptile. Régine jeta son poignard.
J'allai me précipiter sur elle pour l'arrêter, quand elle
pressa brutalement son ventre contre celui du guide.
Il s'affaissa. Régine se tourna vers moi. Du sang coulait
de la bouche de l'homme. La broche lui avait transpercé
le dos.
Au loin, j'entendais les cris des passagers du train sans
conducteur.
Je pris Régine par le bras et l'entraînai en courant dans
une galerie sombre......

à suivre

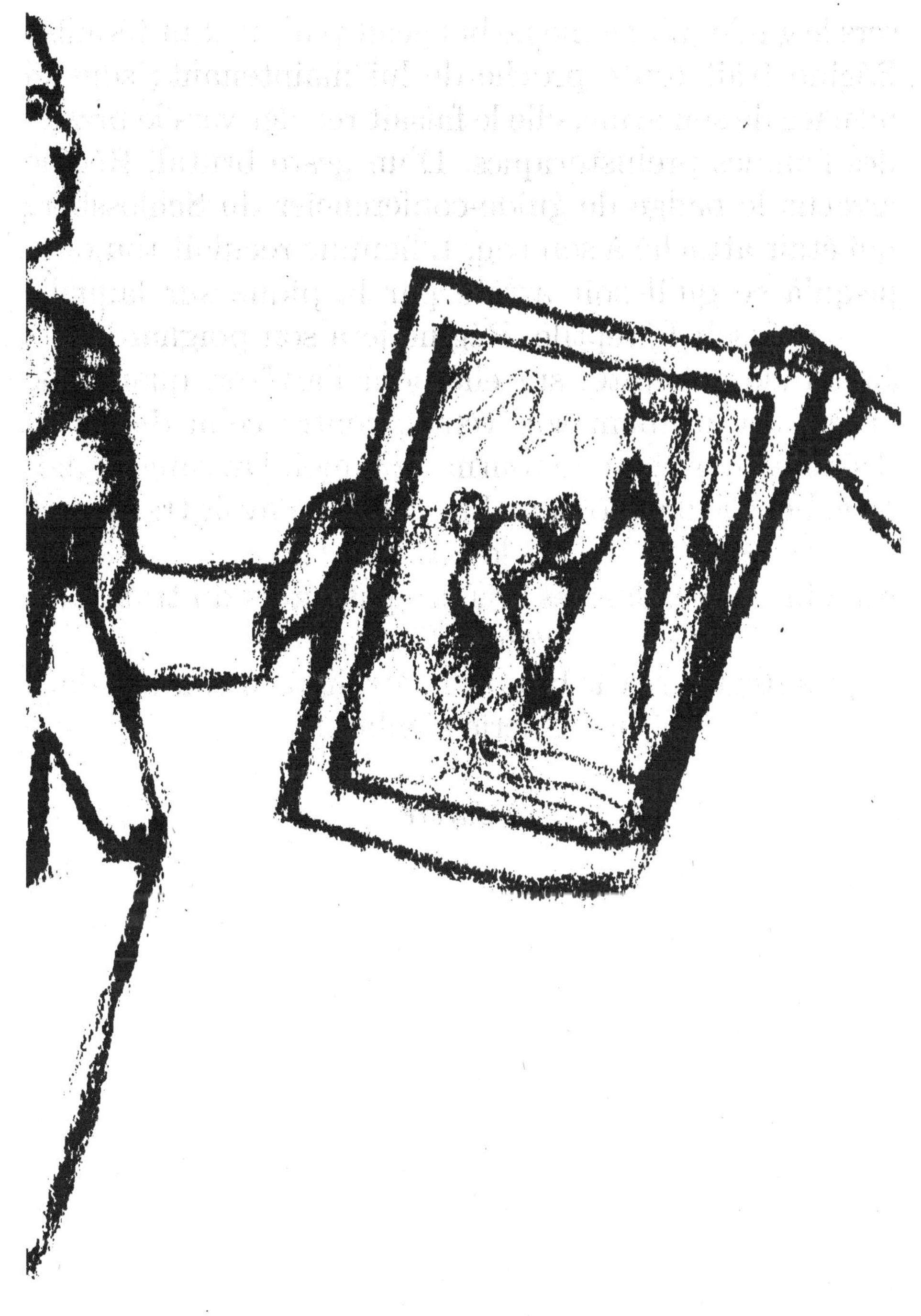

L. Hervé et C. Maillet tenant une reproduction de *Saint Ambroise et l'empereur Théodose* de Van Dyck, dans *La Preuve par les larmes*, performance, Milan, 2011

épisode 4
LA PREUVE PAR LES LARMES

résumé des épisodes précédents
Dans le Schlossberg, un réseau de souterrains creusés par
des travailleurs forcés pendant la Seconde Guerre mon-
diale, Régine, accompagnée de son fils Étienne, a assisté
à la reconstitution de scènes historiques violentes culmi-
nant avec la danse des femmes préhistoriques. Prise
de frénésie meurtrière à la vue de ce dernier diorama,
Régine a assassiné sauvagement le guide touristique.
La Ghita, une noble italienne, est quant à elle de retour
à Milan après une expédition dans les mines de sel
autrichiennes......

★

Je suis retournée à Sant'Ambreuze. Après être restée
loin de Milan pendant si longtemps, j'étais heureuse
de parcourir à nouveau les rues de ma ville. Ce qui me
plaît le plus à Milan ce sont les cours dans l'intérieur des
bâtiments, j'y trouve une foule de colonnes, et, pour moi,
les colonnes sont en architecture ce que le chant est à
la musique. J'ai croisé Arrigo, sans doute venu admirer
la jolie façade de la Madonne de San Celso. Il se tenait
comme à son habitude debout devant l'église, mais ce
matin-là son visage était couvert de larmes. Je devinai
une nouvelle vilénie de celle auprès de qui il soupirait
depuis de longs mois, cette fameuse M★★★ dont il me
vantait sans cesse la finesse passionnée réunie à la plus
rare beauté, la couleur des cheveux et des sourcils d'un
magnifique châtain foncé.

« Arrigo, mon ami, laissez là vos soucis et venez
avec moi à l'opéra ce soir ! Je vous l'ai répété

cent fois, vous perdez votre temps avec cette
farouche amazone. Elle n'aime que ses enfants
et sa patrie, elle ne vous cèdera jamais ! »

« Chère Ghita, vous ne vous figurez pas le plaisir
délicieux qu'il y aurait à serrer dans ses bras
une femme qui nous a fait beaucoup de mal, qui
a été notre cruelle ennemie pendant longtemps,
et qui est prête à l'être encore. »

★

Je passai la tête dans la galerie principale. La sortie du
tunnel se trouvait sur la droite. Personne ne semblait
être à notre poursuite de ce côté. La porte vitrée du
Dom im Berg était à quelques pas, si nous pouvions
l'atteindre, nous nous dissimulerions parmi les fidèles de
l'église souterraine. Je fis signe à Régine de me suivre,
elle était à bout de souffle.
La crypte monumentale était pleine. Ses voûtes gigan-
tesques se perdaient dans l'obscurité dense et la fumée
des encensoirs. Je me faufilai à travers la foule, Régine
à ma suite, jusqu'à un banc dans un recoin sombre où
je me recroquevillai le plus discrètement possible. Mais
personne ne prêta attention à notre arrivée. En levant
les yeux, je vis qu'à côté de moi un homme pleurait.
Je trouvais la situation un peu gênante et tournai la
tête vers notre voisine de banc. La femme sanglotait
aussi avec bruit. Préoccupé par notre fuite, je n'avais
pas observé l'assistance : un coup d'œil plus attentif
m'apprit que c'est la foule tout entière qui versait des
larmes profusément.
Le spectacle de cet unisson dans les pleurs me mit très
mal à l'aise. Régine, qui avait peu à peu repris son
souffle, avait l'air effrayée à présent.

Je distinguai mal le prêtre, ou plutôt l'évêque, une petite silhouette qui s'appuyait sur sa crosse tout au fond du Dom, mais j'entendais sa voix douce qui roulait sur les voûtes de pierre brute. Ses paroles coulaient comme du miel ; je ne compris pas d'abord ses mots, mais je me laissai bercer par leur musique étrangement persuasive.

> « La douleur n'est pas seule à avoir des larmes ;
> la joie aussi a ses larmes ; l'affection elle aussi
> fait venir les pleurs et la parole arrose de larmes
> le sol. Les larmes sont donc des signes d'affec-
> tion et non des incitations à la douleur. »

Je me sentais confusément en empathie avec mes voisins les pleureurs et le discours de l'évêque s'infiltrait avec suavité dans ma volonté, les yeux me piquaient et ma gorge se nouait.
Je fus sorti de ma torpeur par un grondement indéfinissable. Autour de moi les fidèles se réveillaient de leur transe larmoyante. Le sol tremblait sous nos pieds ! L'évêque s'interrompit brusquement et des hurlements de panique fusèrent soudain. Les pleureurs s'enfuyaient en se bousculant, ils se précipitaient en désordre vers la sortie. En un temps qui me parut épouvantablement court, le Dom fut déserté.
Nous étions seuls dans la salle souterraine. Régine m'entraîna dans une alcôve : nous ne pouvions pas nous risquer à l'extérieur maintenant, après le crime affreux qu'elle avait commis. En me passant la main sur la joue, je me rendis compte que mon visage était humide : ce n'étaient pas des larmes, j'étais couvert de sueur. La température devenait petit à petit intolérable. Régine plongea le visage dans le bénitier tandis que je m'affaissai contre la paroi de pierre qui était devenue brûlante. Les cierges

ramollissaient à vue d'œil et tombaient de leurs piques
les uns après les autres.
Un éclair éblouissant traversa la porte vitrée qui explosa
dans un bruit assourdissant. Je crois que je perdis
connaissance, je ne sais pas très bien ce qui se passa
les instants suivants.
Je fus réveillé par des gémissements. Un homme rampait
à côté de moi, le corps à demi calciné et le visage
noirci......

à suivre

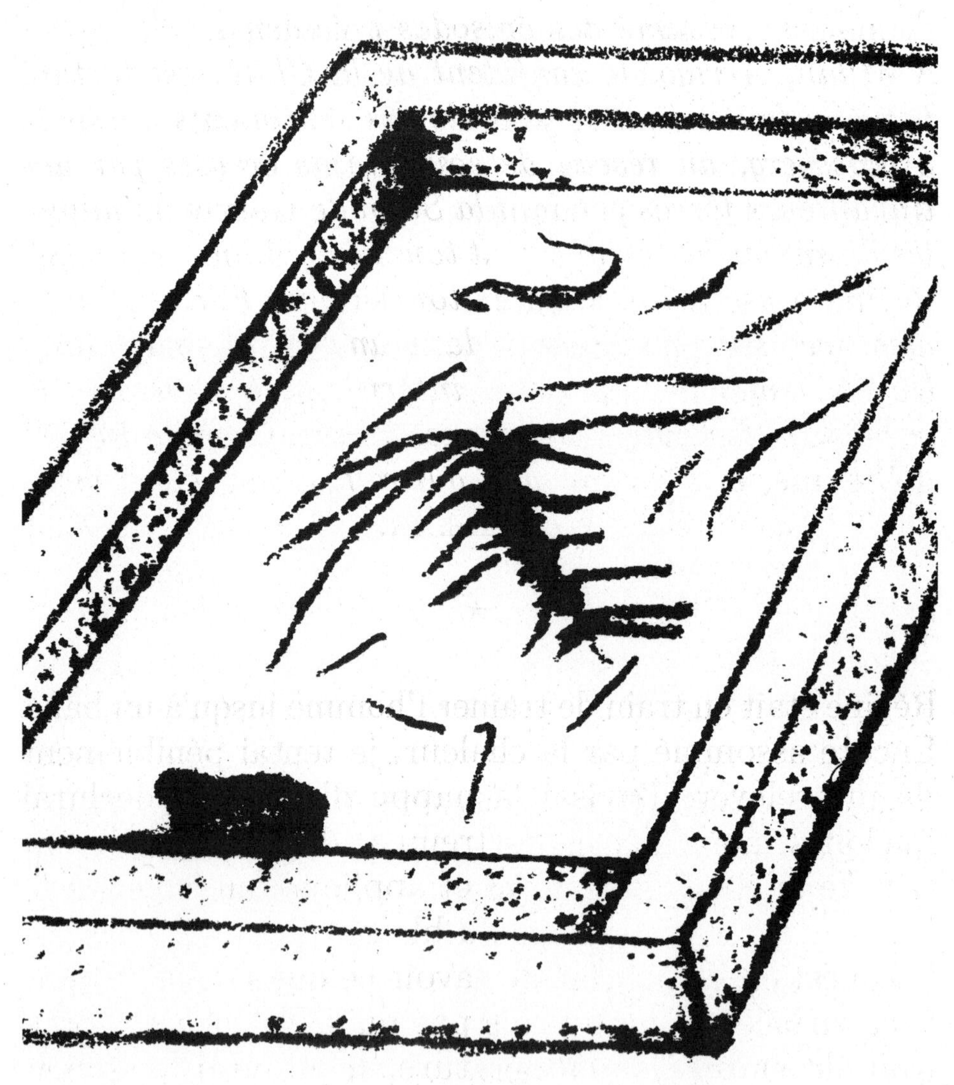

Cadre avec arêtes, hameçons et sonde, région de Delme,
collection Ad duodecimum

épisode 5
QUELQUES COMMENTAIRES
SUR LA FIN DU MONDE

résumé des épisodes précédents
À Milan, Arrigo, le confident de la Ghita, est torturé par une femme qui se joue de ses sentiments. Dans le Schlossberg, un réseau de souterrains creusés par des travailleurs forcés pendant la Seconde Guerre mondiale, les dioramas historiques ont tourné au drame après que Régine a assassiné le guide touristique. Elle s'est réfugiée avec son fils Étienne dans une église souterraine. Un événement inexpliqué a interrompu brutalement le sermon et fait fuir l'assistance, à l'exception de Régine, d'Étienne, et d'un inconnu qui rampe vers eux à demi calciné......

★

Régine était en train de traîner l'homme jusqu'à un banc. Encore assommé par la chaleur, je tentai péniblement de me relever. J'avisai la nappe d'autel, en déchirai quelques morceaux et les trempai dans l'eau du bénitier. Je m'épongeai le front et appliquai un linge sur le visage du blessé.

La question demeurait de savoir ce qui s'était produit à la surface. Je ne pensais pas qu'il fût sage de sortir tout de suite. La température, il est vrai, commençait à baisser, mais si c'était une bombe ? un météore ? un tremblement de terre ? un accident nucléaire ? un raz-de-marée ? une tornade ? une invasion extra-terrestre ? une épidémie brutale ? J'essayai d'expliquer à Régine qu'il était plus prudent d'attendre encore un peu. Elle ne voulait pas m'écouter. Elle se dirigea lentement vers la porte fracassée de l'église souterraine, et finit par

disparaître à ma vue. Je restai seul avec le rescapé.
Tout était silencieux.
Je me décidai à explorer la salle souterraine et la sacristie, où je découvris la réserve de vin de messe, ainsi que quelques provisions, dont je commençai à faire l'inventaire. J'en transportai une partie auprès du malade, et entrepris de lui mouiller les lèvres avec un peu de vin. Le visage de l'homme était recouvert d'une épaisse couche de cendres grises, qui lui donnait un aspect momifié. Sa respiration était entrecoupée, et je craignais que chaque souffle ne fût son dernier.

★

Ce soir-là, j'avais fini par convaincre Arrigo de venir dans ma loge à la Scala. Un petit groupe d'amis nous y avait rejoints. Je me sentais en verve et d'humeur à agacer Annibalino qui me jetait des regards sombres depuis le début de la représentation. Le petit officier bavarois hantait encore son esprit.

« Je crois qu'un homme commence à aimer quand je le vois triste ! Pour vous, hommes grossiers, il n'y a que deux degrés en amour, on aime ou l'on n'aime pas. C'est comme penser que l'on est à Rome, quand on est à Bologne. Il y a loin entre ces deux villes, on n'est pas à la même distance quand on est aux portes de Bologne, à un quart du chemin ou aux trois quarts. »

Arrigo s'empara aussitôt de l'idée.

« Comme la comparaison est bien trouvée ! Apparemment, Bologne figure l'indifférence,

et Rome l'amour le plus complet. Entre ces
deux points, il y a naturellement des étapes
que je pourrais dessiner ainsi. »

Ici, il traça quelques signes au dos d'une carte à jouer.

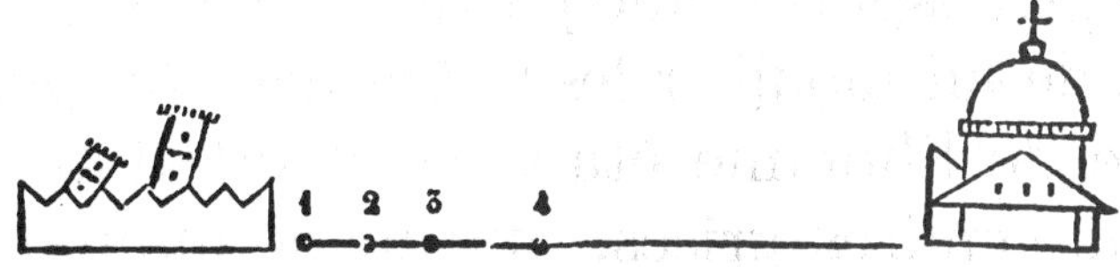

Je repris avec enthousiasme.

« Aux portes de Bologne se trouve le premier
gîte, c'est l'admiration. Peu de temps après
vient le plaisir d'être aimé, un moment plein de
douceur. La troisième étape c'est l'espérance,
un sentiment plus difficile, car on commence à
redouter de ne plus être aimé. Et ensuite vient
le temps où l'on s'exagère les qualités de l'être
aimé. C'est la *cristallisation.* »

À ce mot tant redouté, Annibal rougit, se leva brusquement et quitta la loge en faisant claquer la porte
derrière lui.
Je jetai un coup d'œil espiègle à Arrigo. Nous avions
l'habitude de nous comprendre à demi-mot.

« Carthage prend la fuite à mi-chemin entre
Bologne et Rome ! »

★

Le blessé ouvrit soudain les yeux, et tenta d'articuler
quelques mots de ses lèvres desséchées ; je lui soulevai
doucement la tête.

« J'étais sous les étoiles, moi, Gentile...... une
façon de bloc venu du ciel...... quelque chose
de pesant...... est tombé près de moi. C'était
lourd, très très lourd. J'essayai de le déplacer,
de le prendre entre mes bras, mais c'était trop
lourd. Il y avait beaucoup de monde autour
de moi, des hommes, des femmes, des enfants.
Ils regardaient tous le bloc, ils étaient fasci-
nés. Ils ont baisé le bloc comme ils auraient
embrassé les pieds d'un être cher. Et moi aussi,
je l'ai pris dans mes bras, je l'ai cajolé comme
une épouse...... »

Son récit était complètement incompréhensible. Son
accent italien me donnait à penser qu'il prenait peut-
être un mot pour un autre, ce qui expliquerait certaines
de ses incohérences. J'étais si concentré sur les murmures
du blessé, que je n'avais pas vu la silhouette qui s'était
glissée à mes côtés. Régine était de retour. Des cendres
s'étaient déposées sur son visage et ses cheveux. Elle prit
une voix solennelle, sage et experte :

« Gentile, cette façon de bloc venu du ciel, qui
t'est pesamment tombé auprès, qui était trop
lourd pour toi, que tu tentais de soulever, que
tu tentais de déplacer et que tu cajolais comme
une épouse en l'entourant de tes bras, c'est qu'il
va t'arriver un compagnon puissant, aussi solide
qu'un roc tombé du ciel, et que tu l'aies cajolé
comme une épouse, c'est qu'il ne t'abandonnera
jamais...... »

à suivre

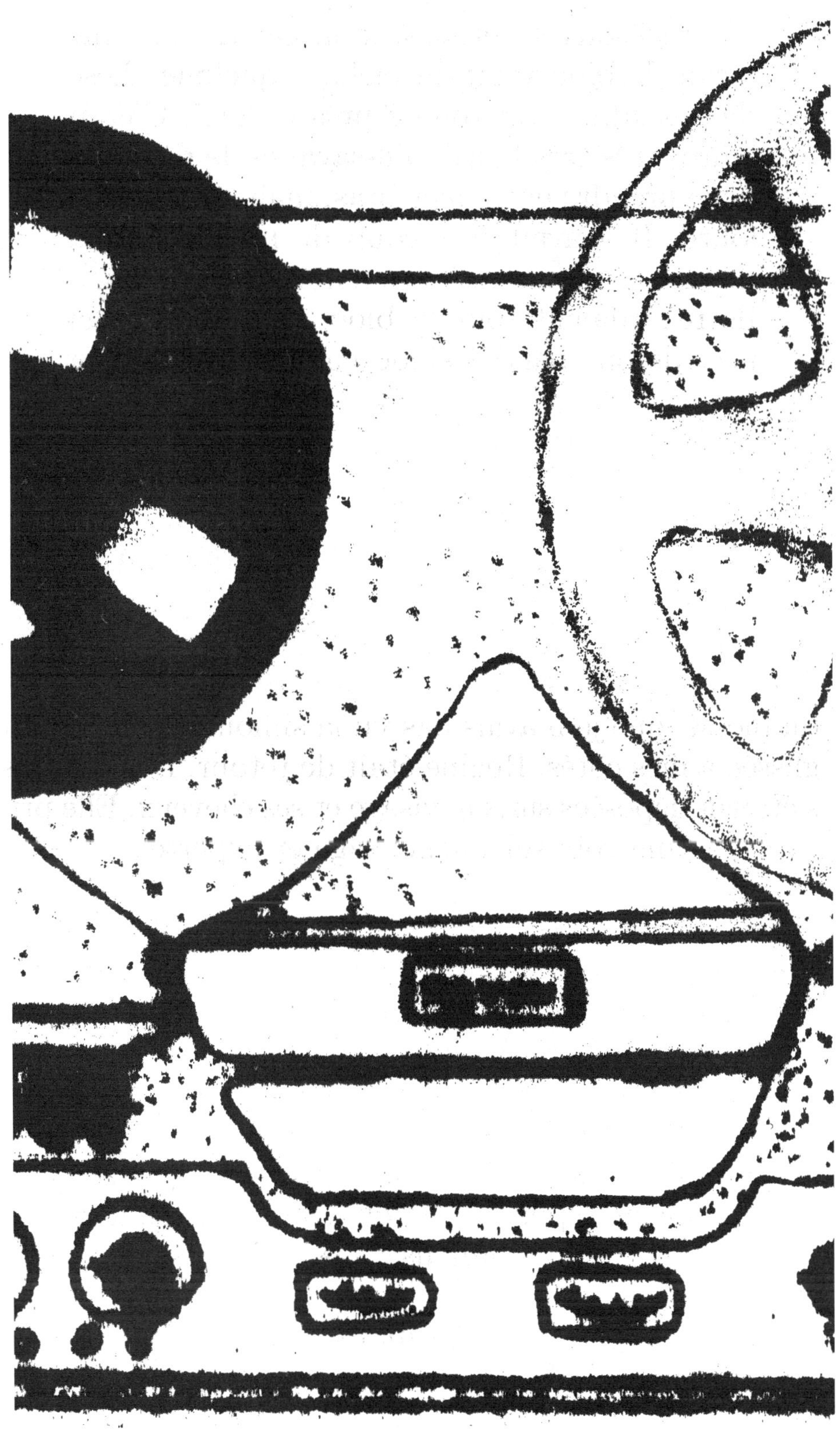

Restauration totale, dramatique radiophonique enregis-
trée sur bande magnétique, 2011

épisode 6
LES MURS DE LA CITADELLE

résumé des épisodes précédents
À Milan, la Ghita et Arrigo échafaudent des théories sur
l'amour et se débattent dans des intrigues sentimentales.
Régine, après avoir commis un meurtre sanglant, s'est
réfugiée avec son fils Étienne dans une église souterraine.
Une catastrophe inexpliquée a eu lieu au dehors, dont un
inconnu, Gentile, paraît être le seul rescapé. Le monde
extérieur est peut-être devenu inhabitable......

★

Les blessures de Gentile étaient plus légères qu'il n'y
paraissait, et après quelques heures de repos, lorsque
Régine donna le signal du départ, l'Italien la suivit. Nous
nous enfonçâmes dans le dédale souterrain du Schlossberg,
munis d'une réserve de cierges, de vin de messe et d'hosties.
Je ne sais pas pourquoi nous marchions ainsi sans but ;
si la surface était contaminée, quelle espérance pouvions-
nous garder de survivre ici, seuls dans ces cavernes inhos-
pitalières ? Je n'osais demander à Régine et Gentile ce
qu'ils avaient vu là-haut. Sombres et mutiques, ils avan-
çaient droit devant eux dans les tunnels étroits, éclairés
par le halo vacillant des cierges. Nous ressemblions à une
procession funèbre, cela me frappa tout à coup : nous
portions le deuil de l'humanité disparue.
À un détour du souterrain, je jugeai que nous avions
quitté le boyau pour une salle plus vaste ; la lumière
tremblotante des bougies n'éclairait plus la paroi. Mais
une autre source lumineuse diffusait un peu de clarté,
loin devant nous. Gentile le premier s'en approcha,
c'était une lampe torche restée allumée. Je lançai

un appel : peut-être y avait-il quelqu'un d'autre tout près. Personne ne répondit à mon cri.

Gentile balaya la salle du faisceau de la lampe électrique. Du verre brisé crissait sous nos pieds, j'apercevais des monceaux de canettes vides, des vieux journaux, des livres, des boîtes de conserves ouvertes, mêlés avec une sorte de matériau fibreux. Cela ressemblait à un revêtement isolant dont les plaques auraient été déchiquetées par des vandales ou par une explosion. Gentile se pencha sur un gros appareil éventré qui paraissait être une console.

« C'est une station radio pirate. Les câbles doivent mener à une antenne qui pouvait émettre à l'extérieur. »

Gentile pensait être capable de pouvoir réparer la machine, ce qui nous donnerait une chance de communiquer. Il commençait à démêler les câbles en donnant l'impression de savoir ce qu'il faisait, et triait les pièces au fur et à mesure avec une sûreté d'ingénieur. Je ne pouvais pas lui être de beaucoup d'utilité dans ce domaine, je m'éloignai de quelques pas dans la salle en brandissant mon cierge, car j'étais inquiet de ne plus entendre Régine. Elle avait disparu.

★

Toutes mes pensées allaient à mon beau prince français. Annibalino s'était montré odieux hier à l'opéra, comme à son habitude, mais toute la soirée je n'avais eu d'yeux que pour ce bel étranger en uniforme qui occupait la loge voisine. Et il m'avait remarquée lui aussi, le mot qu'il m'avait fait passer discrètement me donnait des indices sûrs de sa *cristallisation*. On m'annonça l'arrivée de mon

cher confident Arrigo, et je me précipitai, tant j'avais
hâte de partager avec lui mon bonheur.
Mais voyant l'expression de désespoir qui se peignait sur
son visage, je compris bientôt que c'était lui qui était
venu épancher son cœur.

« Madame, ah ! Comme le temps me semble
pesant depuis que M★★★ est partie ! Et il n'y
a que cinq heures et demie ! Que vais-je faire
pendant ces quarante mortelles journées ?
Quand je l'ai vue hier, j'ai eu le sentiment que
mon arrivée chez elle était regardée comme une
calamité. Pourquoi n'ai-je pas eu une explica-
tion décisive avec elle avant son départ pour
savoir clairement à quoi m'en tenir ? »

« Mon cher Arrigo, je crains d'être dure avec
vous, mais cette femme ne vous aime pas. »

« Si je pouvais la rejoindre, elle cesserait sans
doute de se montrer si froide. L'état de nature
est spontanément enclin à l'amour, alors que
la société lui est hostile. Les femmes prudes
sont des amazones prisonnières de leur orgueil
et de l'image qu'elles veulent donner d'elles.
M★★★ m'aime avec passion, mais elle refuse de
le montrer ! »

★

J'aperçus enfin la silhouette accroupie de Régine.
Elle lisait un livre à la lueur du cierge ; l'ouvrage qu'elle
tenait à la main était rongé et déformé, les pages adhé-
raient les unes aux autres. Sur la couverture, je vis une
dame chevauchant en atours de parade, et je lus le titre

qui se détachait en blanc sur fond vert : *Le Haut Cœur de Catherine de Médicis.* Comment un tel livre avait-il pu être abandonné dans un studio de radio ? Je frissonnai. Gentile, derrière moi, ne s'apercevait de rien, il était toujours occupé à enrouler des câbles et ne se doutait pas de ce qui allait se passer. Régine pleurait abondamment. Ses larmes arrosaient les pages.

« J'ai vu un rayon de lumière. C'est à moi entre toutes les femmes que revient le privilège de bâtir la cité nouvelle. Je puiserai en Raison, Droiture et Justice l'eau vive comme en une source claire, et je prendrai des matériaux plus durs et plus massifs que le marbre avant d'être cimenté, ainsi ma cité sera merveilleusement belle et durera éternellement. Ce sera une place forte afin que les dames et autres femmes méritantes puissent désormais avoir une forteresse contre leurs si nombreux agresseurs. »

Régine parlait doucement mais semblait parfaitement résolue. Je compris qu'elle incarnait Justice à ce moment précis. Je n'avais pas de moyen de m'opposer à elle. Régine s'avança avec autorité vers Gentile. Celui-ci lui tournait le dos, il était penché sur la console à essayer des branchements. Régine nous regarda, Gentile et moi. Ses yeux dorés m'hypnotisaient.

« Jamais je ne fléchis, puisque je n'ai ni ami ni ennemi. La pitié ne peut me vaincre, la cruauté ne m'émeut point. »

Nous étions tous deux condamnés......

à suivre

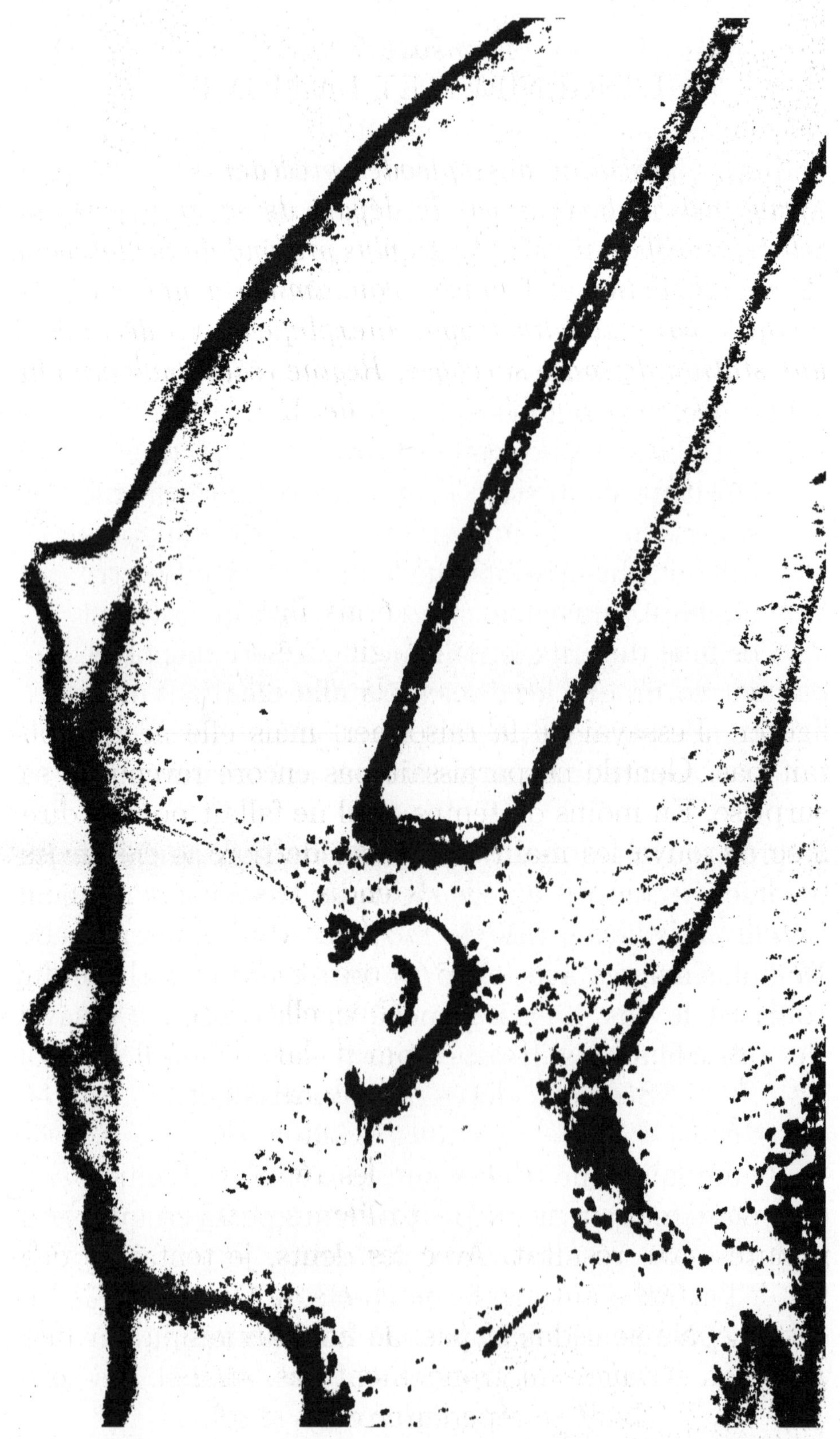

Statue d'Osiris par Mallet (XIXe siècle), collection
Musée barrois

épisode 7
L'INGÉNIEUR ET LA MOMIE

résumé des épisodes précédents
Arrigo est bouleversé par le départ de sa maîtresse, la belle et indifférente M★★★. Au plus profond du Schlossberg, Régine, Étienne et Gentile, condamnés à une vie souterraine par une catastrophe inexpliquée, ont découvert une station de radio saccagée. Régine réagit violemment à une biographie de Catherine de Médicis trouvée par hasard......

★

Gentile se retourna enfin. J'étais figé par la peur, je n'osais plus faire un geste. Régine s'était emparée d'un paquet de câbles avec lesquels elle entreprit de nous ligoter. J'essayai de la raisonner, mais elle ne m'écoutait pas. Gentile ne paraissait pas encore revenu de sa surprise. En moins de temps qu'il ne fallait pour le dire, il se retrouva les mains attachées derrière le dos et les pieds entravés. Je ne me défendis pas lorsque Régine m'infligea le même traitement. Je ne voulais pas lui faire de mal et surtout j'espérais encore qu'elle reviendrait sur sa décision. Une fois sa tâche finie, elle tourna les talons, et, implacablement, disparut dans l'obscurité.
Gentile et moi nous entre-regardâmes. La lampe torche au sol éclairait un petit périmètre autour de nous, ailleurs, le souterrain se perdait dans les ténèbres. Les nœuds étaient solides, nous nous tortillâmes pendant quelques minutes sans résultat. Avec les dents, je tentai de desserrer l'attache autour des poignets de Gentile, mais les câbles épais ne cédaient pas. Je fus interrompu par une vibration étrange, un grondement bas, animal, qui semblait se répercuter dans le sol.

★

J'étais depuis quelques jours retenue au lit par une légère fièvre. J'attendais ma tisane bienfaisante du matin, qui me fut enfin apportée avec le courrier du jour. Parmi les invitations et lettres de courtoisie, je reconnus l'écriture d'Arrigo. Je n'avais pas de nouvelles de lui depuis plus de deux semaines ! Je fus étonnée de voir que sa lettre n'était pas postée de Milan. Je craignais qu'il ne se soit, malgré mes conseils, précipité à la poursuite de la froide M★★★.

« Douce amie,
L'amour a toujours été pour moi la plus grande des affaires, ou plutôt la seule. Je me connais, j'aime M★★★ pour le reste de ma vie, tout ce qu'elle fera ne changera rien à l'idée qui a frappé mon âme. Je donnerais tout pour lui parler un quart d'heure des choses les plus indifférentes ; mais je crains d'avoir déjà usé de ce quart d'heure, qui est le temps qu'elle m'a accordé après que je l'ai rejointe à Volterra. Car oui, vous l'avez deviné, je l'ai suivie, et durant une semaine, déguisé comme un conspirateur, j'ai épié chacune de ses allées et venues, pour trouver un moment propice et l'aborder. Enfin je l'ai saluée, comme par une rencontre de hasard dans la rue. Comblant mes attentes, elle m'accueillit avec bienveillance — j'étais ivre de joie, mon stratagème portait ses fruits ! Lorsque je me présentai à elle de nouveau le lendemain, elle me conseilla aussitôt de partir pour Florence, où elle me rejoindrait après avoir pris congé de ses hôtes.

Et voici une semaine que j'attends à Florence,
M★★★ n'est pas venue, et ne répond pas à mes
lettres. Ah, je voudrais, puisque je lui ai déplu,
n'être jamais allé à Volterra. »

★

Je ne voyais rien dans l'obscurité, mais j'entendais
quelque chose qui s'approchait, et ce n'était pas humain.
Je percevais aussi un petit couinement discret qui semblait venir de tout près de nous. Je me débattais autant
que je pouvais pour me débarrasser de mes liens qui
résistaient toujours.
Une forme verdâtre apparut dans le halo de la lampe
torche. Un œil d'or s'ouvrit. C'était un crocodile qui
avançait lentement, la gueule grande ouverte. J'étais
terrorisé, et je cessai de bouger. Soudain le crocodile
s'élança vers nous et sembla attraper une petite créature
couinante entre ses dents. Il allait dévorer sa proie et
sans doute nous attaquer aussi !
À ma grande surprise, tandis que je tremblais de tous
mes membres, Gentile, à côté de moi, poussa un soupir
de soulagement.

« C'est une mère crocodile, elle a entendu le
couinement caractéristique de ses petits nou-
vellement éclos et les emmène dans l'eau. »

Comme il l'avait prévu, le crocodile fit demi-tour et
disparut.

« Nous sommes peut-être dans un labyrinthe
de crocodiles. J'en ai vu un semblable à
Crocodilopolis en Égypte. Les trois mille
salles du temple souterrain étaient remplies de

momies de reptiles. Il y avait aussi beaucoup
de bébés crocodiles, que les anciens Égyptiens
aimaient particulièrement à embaumer. Le lieu
nous avait beaucoup intéressés ; nous faisions
des recherches, avec un groupe d'ingénieurs
saint-simoniens, pour démonter pierre à pierre
les principaux sites antiques, le Sphinx, les
Pyramides, et réutiliser les matériaux pour
construire des complexes industriels modernes.
Selon les mots du Père Enfantin, notre maître
à tous, il fallait, à partir du passé, construire
le futur. »

Je fis signe à Gentile de se taire. Notre avenir à nous
me semblait assez compromis, garrottés comme nous
l'étions, il n'était plus temps de divaguer sur Prosper
Enfantin, sa quête de la Mère Suprême et du bonheur
universel.
J'en étais là de mes réflexions lorsque j'entendis un
bruit de rouages mécaniques. Le sol s'ouvrait à côté
de nous. Nos liens nous contraignaient à l'immobilité :
nous basculâmes dans une trappe béante......

à suivre

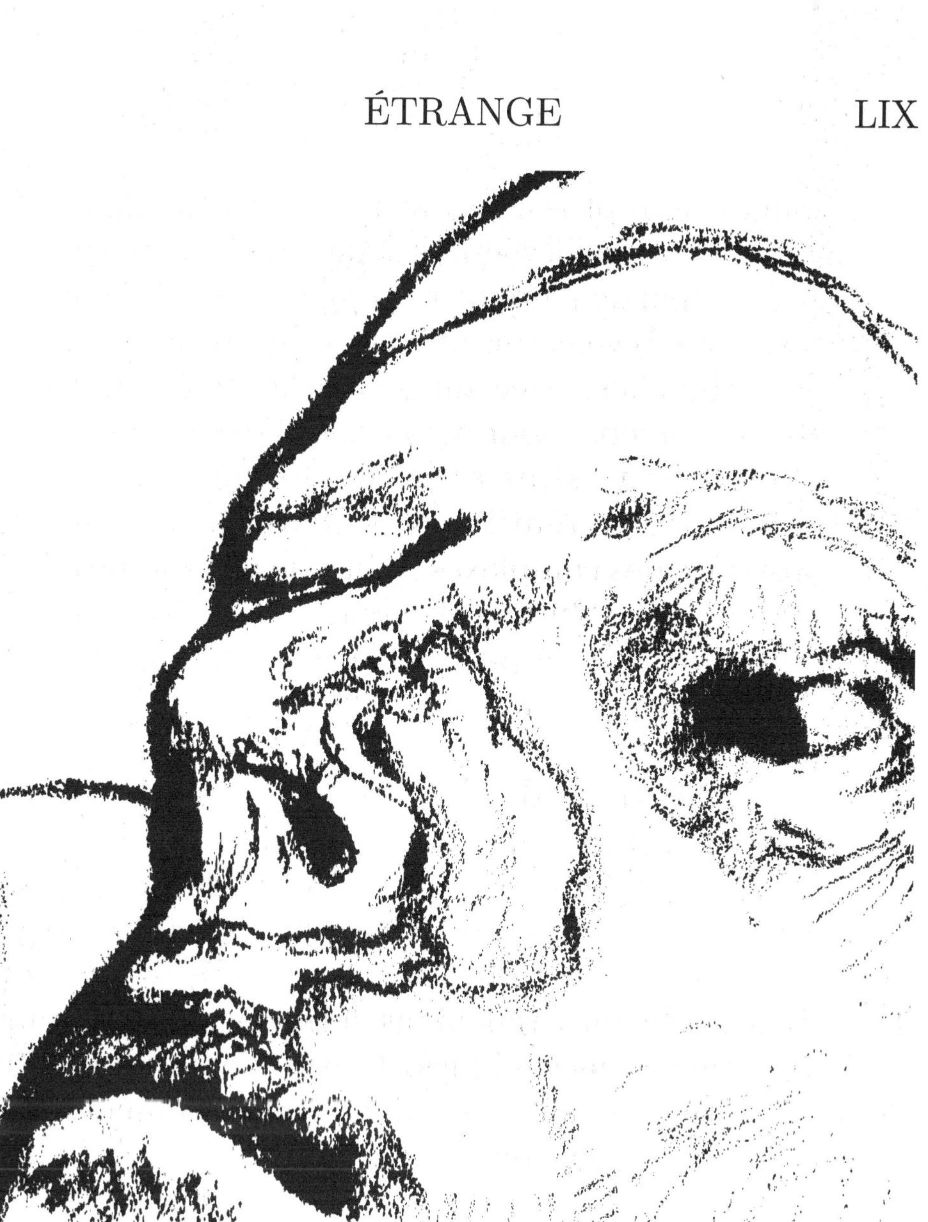

Un projet important, film 16 mm et vidéo HD transférés
sur vidéo HD, 38 minutes, 2009

épisode 8
LE DERNIER BOUILLON DE VEAU

résumé des épisodes précédents
Au plus profond du Schlossberg, Régine, Étienne et Gentile, condamnés à une vie souterraine par une catastrophe inexpliquée, ont découvert une station de radio saccagée. Régine a disparu après avoir ligoté les deux hommes dans un accès de rage, les livrant aux crocodiles dont les cavernes sont infestées. S'ils ont échappé aux redoutables reptiles, Étienne et Gentile sont tombés dans une trappe dissimulée......

★

Je me réveillai sur un lit d'hôpital. Je ne savais pas combien d'heures ou de jours j'étais resté inconscient. Les murs et le plafond étaient d'un gris métallique et brillant. La lumière crue éblouissait mes yeux accoutumés à l'obscurité de la caverne. La pièce était minuscule et étouffante, l'un des murs était remplacé par une grande baie vitrée qui donnait sur une autre chambre remplie d'anciens instruments scientifiques : des tubes à essai, des ballons, des cuves. J'étais séparé de ce laboratoire par une porte hermétique en métal. Je me levai et essayai en vain de l'ouvrir ; elle était verrouillée de l'extérieur. J'appelai à l'aide en martelant la porte. Il y avait aussi une trappe sur le mur opposé, mais elle était scellée. Après un temps qui me parut assez long dans cette atmosphère angoissante, trois hommes et une femme apparurent derrière la vitre. Ils étaient tous vêtus d'une combinaison blanche ceinturée et tenaient des papiers à la main. Ils me regardaient attentivement, et certains prenaient des notes.

Je leur hurlai à travers la vitre de me laisser sortir de là.
Ils se concertèrent quelques instants sans que je puisse
entendre leurs paroles, puis un des hommes, le plus
âgé, appuya sur un bouton poussoir et s'adressa à moi
à travers un interphone crachotant.

« Bonjour.
Vous vous trouvez dans le Centre de décontamination Louis Pasteur. Cet ensemble a été bâti
sous le Schlossberg pour répondre à des menaces
de guerre bactériologique. La particularité de
cette base réside dans son dispositif de décontamination par paliers successifs. Chaque étage
du centre, matérialisé par une couleur, corres-
pond à un degré d'asepsie, du plus superficiel au
plus profond et du moins stérile au plus stérile.
Ces couleurs ont été choisies en fonction d'une
étude spécifique de la perception du spectre
lumineux.

1 = rouge
2 = jaune
3 = bleu
4 = gris
5 = blanc

Chacun des étages est séparé du suivant par
des opérations complexes de stérilisation permettant d'éliminer toutes les formes virales,
bactériologiques et fongiques connues. Le pro-
cessus total dure vingt-quatre heures. »

Il m'agaçait horriblement avec tous ces détails, je le
coupai pour lui demander où étaient Gentile et Régine.

« Nous avons supputé que vous étiez malade. Le sujet 2 a été placé dans une autre chambre d'isolement où il subit un traitement, il n'y a pas de sujet 3 pour l'instant. Nous ne connaissons pas la nature de l'organisme contre lequel nous luttons. Nous suspectons que sa structure est similaire à celle du cristal. Il s'agit probablement d'une forme de vie radicalement différente de tout ce à quoi nous avons été confrontés jusqu'ici. »

La femme de l'autre côté de la vitre, qui m'observait depuis le début derrière ses lunettes aux verres épais, reprit d'une voix suffisante :

« Vous ne vous en êtes peut-être pas rendu compte, mais nous sommes en guerre. Nous luttons contre un ennemi inconnu et invisible, comme Louis Pasteur en son temps face aux microbes dont personne ne connaissait l'existence. Mais un jour viendra où grâce à l'hygiène militante et scientifique, les maladies disparaîtront comme ont disparu certaines espèces animales antédiluviennes. »

« Le bouillon de veau ! Voilà notre arme ! »

s'exclama un autre de ces savants.

« Pasteur avait montré l'absence de génération spontanée en enfermant ce bouillon putrescible dans un ballon de verre passé au chalumeau et scellé, un milieu indéfiniment stérile et pur, qui est un modèle réduit du laboratoire et de notre structure de décontamination. Mais il

fallait faire plus. Il fallait montrer que cette
vérité du laboratoire était aussi celle de la vie
quotidienne ; c'est ainsi que Pasteur conçut le
ballon à col de cygne, dont l'orifice, déformé
à la tenaille, est ouvert. Nous pourrons peut-
être nous aussi, un jour ouvrir les portes du
laboratoire au monde extérieur. »

Je compris que je n'étais pas près de sortir de cette
chambre. Je les imaginais face à Gentile avec leurs cha-
lumeaux et leurs tenailles, et j'étais assez pessimiste sur
ses chances de survie. Je vis soudain une porte s'ouvrir
dans la pièce des scientifiques. Une autre silhouette en
combinaison blanche apparut dans l'embrasure. C'était
Régine ! Elle se précipita vers les étagères et attrapa deux
ballons à col de cygne qu'elle jeta contre la vitre qui la
séparait de moi. Malheureusement, la vitre devait être
très résistante, elle ne céda pas. À quatre contre un, je
craignais que Régine ne fût rapidement maîtrisée. Mais
rien de tel ne se passa. Les quatre scientifiques hurlaient
silencieusement de l'autre côté de la vitre isolante. Leur
visage était décomposé par la peur, ils s'agitaient frénéti-
quement en désignant le contenu des fioles brisées qui se
répandait au sol. Je vis Régine quitter la pièce et disparaître en laissant les scientifiques en proie à la panique et
privés de leur asepsie protectrice. Certains tombèrent au
sol, en proie à des convulsions. Les joints de caoutchouc
qui fermaient hermétiquement les issues du laboratoire
s'effritaient à grande vitesse, probablement sous l'effet
de l'agent contaminant. Je donnai un coup de talon dans
la trappe sur le mur opposé, qui céda facilement avec ses
joints dissous, et me précipitai à l'extérieur. J'étais dans
le conduit de l'ascenseur du Schlossberg......

à suivre

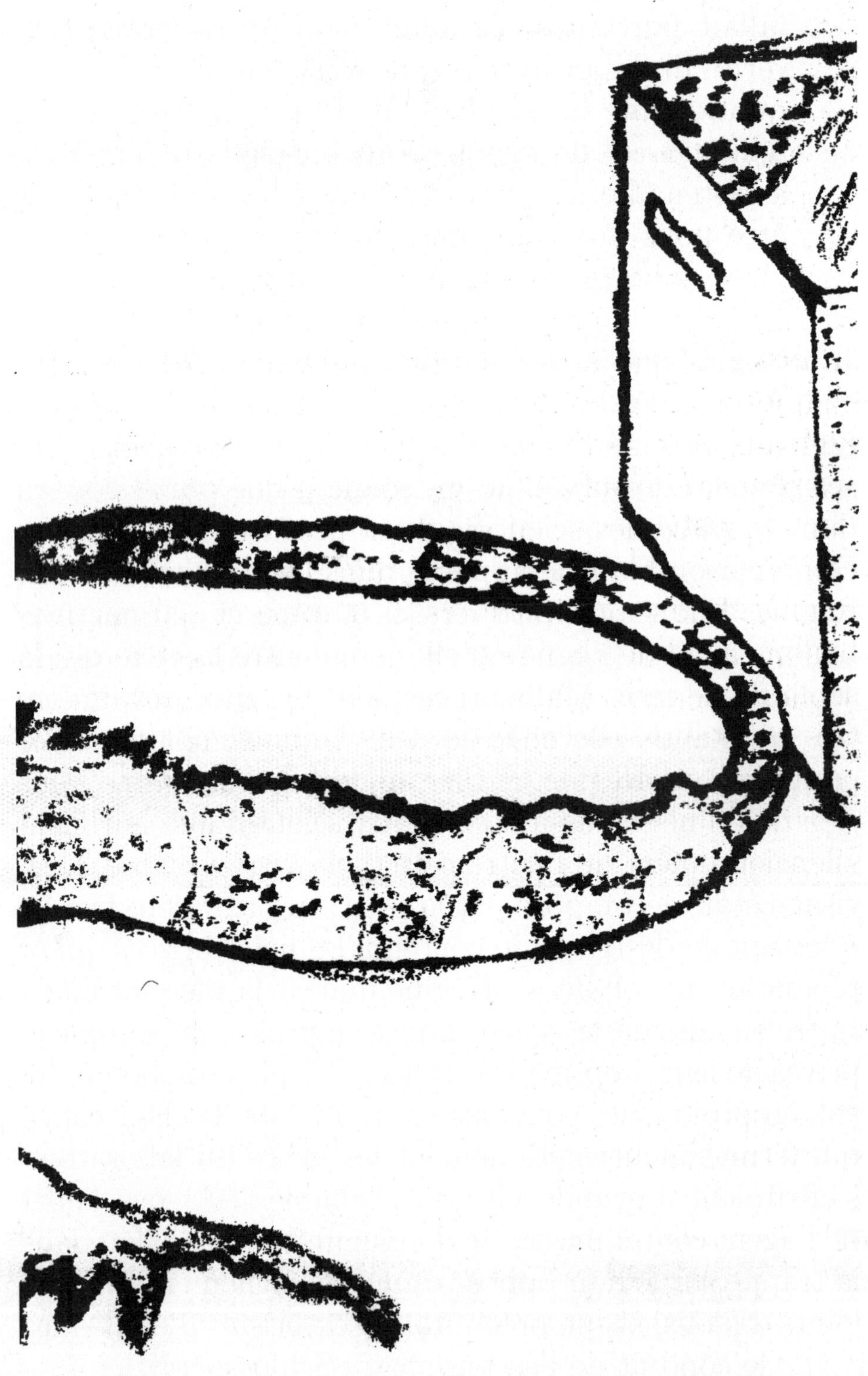

Iguana iguana, iguane naturalisé, nid de roitelet
(XXᵉ siècle), collection Musée barrois

épisode 9
LA SECONDE CRISTALLISATION

résumé des épisodes précédents
Arrigo a envoyé une lettre à sa confidente, la Ghita, où il
lui a narré sa vaine poursuite de la belle et indifférente
M★★★. Il a suivi M★★★ jusqu'à Volterra, mais l'ombra-
geuse jeune femme s'est jouée de lui en lui promettant
de le rejoindre à Florence, où il l'a attendue en vain.
À Milan, la Ghita, atteinte d'un curieux mal depuis le
départ de son ami, est toujours alitée......

★

milan, le 25 septembre
Je reviens à l'instant de chez ma belle Ghita ; elle garde
toujours le lit et n'a pas recouvré ses couleurs depuis
mon retour de Florence. J'ai croisé son médecin dans
l'antichambre et je l'ai retenu, dans l'espoir de comprendre l'étrange mal qui l'a frappée. Il s'est lancé dans
un discours interminable sur l'origine des miasmes et les
dangers des excursions dans les souterrains. Comment
croire ce curieux personnage ?

« Si l'on pouvait connaître chaque maladie, les
localités de ses prédilections, ses habitudes, sa
manière de progresser, on pourrait, avec une
bonne police médicale, la saisir à point, l'arrêter dans sa progression et l'interdire dans son
intervention homicide ! Les grottes et les lieux
souterrains, telle la mine de sel autrichienne
où vous vous êtes rendus il y a quelques temps,
sont des lieux mal ventilés, dans lesquels les
terreaux miasmatiques peuvent être entre-
tenus. Les ferments morbides, les graines, si

vous voulez, de ces maladies y sont en permanence, et elles trouvent toujours dans ce milieu des conditions favorables, comme les cristaux de sels dans les mines, dont la croissance est imperceptible à l'œil nu, mais qui finissent par recouvrir les parois de leurs concrétions prismatiques. Ces assaillants invisibles envahissent parfois un organisme longtemps après qu'il a été en contact avec les miasmes. La grotte est un milieu-contagion, c'est le milieu où se développent de façon soit apparente, soit cachée, soit bruyante, soit sourde, les germes du contage. Un jour viendra où des mesures préventives d'une application facile arrêteront ces fléaux qui désolent et terrifient les populations ! »

★

milan, le 28 septembre

Elle m'aime. Elle ne m'aime pas.

Il n'est besoin que de peu de temps et d'espérance pour que se forme autour de l'être aimé une première cristallisation. L'amant orne l'objet de son désir de perfections ou de diamants qui restent imperceptibles pour les autres. La seconde cristallisation, en revanche, est beaucoup plus longue à venir, parce qu'elle est accompagnée par la crainte et le doute. Après avoir ressenti le plaisir d'être aimé, l'on se dit tout à coup : et si je ne suis pas aimé ? La seconde cristallisation est de beaucoup la plus dure, la plus solide ; elle résiste à tous les découragements, elle dure toute la vie puisqu'il s'agit d'aimer ou de mourir. Je suis sur un chemin à l'extrême bord d'un précipice affreux et touchant de l'autre main le bonheur parfait.

Depuis l'échec de mon expédition déguisée à Volterra, la porte de M*** m'est restée close. Jamais elle ne m'a rejoint. Elle renvoie mes lettres. Elle refuse de me voir. Comme l'écrivait La Rochefoucauld,

« Le plaisir de l'amour est d'aimer, et l'on est plus heureux par la passion que l'on a que par la passion que l'on donne. »

★

milan, le 10 octobre
Depuis hier je le sais, on veut me chasser de Milan. Un ennemi invisible resserre l'étau autour des libéraux ! Je dois partir au plus vite, il y va de ma vie.

★

paris, le 25 octobre
Tout ce qui plaît à Paris me fait horreur. Je ne croyais pas pouvoir demeurer à Milan sans mourir, mais en quittant cette ville, je me suis senti arracher l'âme. Il me semblait que j'y laissai la vie. Je me traîne sans joie dans Paris, cette ville infâme, sans pouvoir oublier l'objet de ma cristallisation, l'altière M*** qui me reçut si froidement lorsque je lui fis mes adieux. Elle ne sut me dire qu'un mot de son ton poli et indifférent :

« Quand reviendrez-vous ? »

Je lui répondis :

« Jamais, j'espère. »

★

paris, le 1er novembre

La Ghita, je viens de l'apprendre par une lettre, est morte.
Disparue cette chère amie, la plus belle femme de Milan,
dont un seul regard passionné faisait languir d'amour !
Elle aurait donc succombé à cette invisible agression
reçue dans les mines de sel, et en frôlant les pierres
froides de ces souterrains où croissent d'obscurs fléaux,
elle aurait ramené sur les pans de sa robe un terrible
mal. En ai-je été infecté moi-même sans le savoir ? L'on
parle partout d'une mystérieuse fièvre, qui ravage les
grandes villes et qu'aucun médecin se saurait combattre.

Qu'importe, j'ai déjà écrit mon épitaphe :

ARRIGO BEYLE, MILANESE.

à suivre

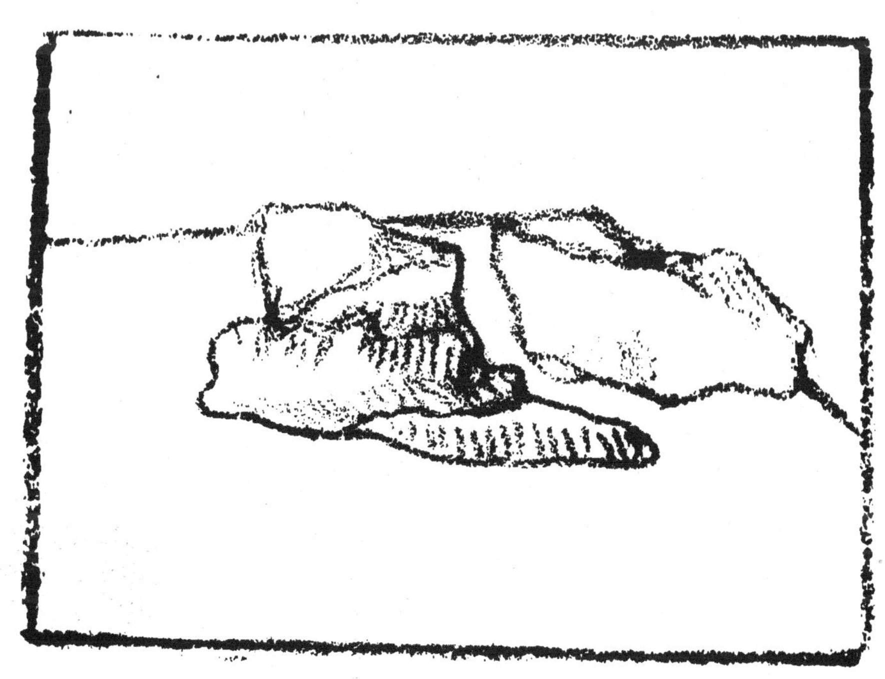

La Seconde Cristallisation, panneau d'images, 2011

épisode 10
LE NID DE L'IGUANE

résumé des épisodes précédents
Au plus profond du Schlossberg, Étienne est devenu le cobaye d'un groupe de scientifiques. Ils sont persuadés de l'imminence d'une terrible épidémie provoquée par un organisme cristalliforme. En attaquant le laboratoire, Régine a rompu l'asepsie minutieusement défendue par les scientifiques, qui se sont livrés au désespoir. Séparé une nouvelle fois de Régine, Étienne s'est enfui par le conduit de l'ascenseur du Schlossberg......

★

Je m'accrochai aux barreaux de l'échelle métallique et tâtonnai pour trouver des appuis dans la pénombre. Il faisait très chaud. Je ne voyais pas jusqu'où descendait le câble de l'ascenseur, mais je croyais distinguer une lueur verdâtre au fond du puits et je me décidai à aller dans cette direction.

Après de longues minutes de descente, mes bras et mes jambes s'engourdissaient et la peau me brûlait. Je craignais que ce ne fussent les séquelles du traitement infligé par les scientifiques. J'essayai de prendre une position plus confortable pour me reposer un instant, et je remarquai des anfractuosités dans la roche. Mes ongles étaient très longs, je les utilisai pour gratter la pierre ; je récoltai une substance visqueuse qui semblait émettre une pâle lumière. Les murs étaient recouverts de minuscules champignons bioluminescents. Au moins je ne serais pas condamné aux ténèbres. Je continuais à descendre. Je distinguais de mieux en mieux les recoins rocheux et les strates minérales mises au jour lors de l'excavation du puits. Mon regard fut attiré par une portion de roche brillante, en m'approchant, je vis que des cristaux de calcite étaient inclus dans de petits compartiments disposés en spirale. C'était une ammonite dans laquelle avaient crû au fil des années des dizaines d'aiguilles de cristal. En descendant au fond de ce puits, j'avais l'impression de remonter le temps, j'étais maintenant au Crétacé, époque à laquelle ces mollusques côtoyaient les dinosaures. J'allais probablement aussi traverser des dépôts de sel ; la plupart des mines autrichiennes traversent les couches de roches évaporitiques de cette époque. La température augmentait au fur et à mesure que je progressais dans le puits. Je croyais parfois apercevoir des ombres vertes escalader en silence les parois : des lézards étranges qui s'agrippaient à la pierre et grimpaient à toute vitesse. Je ne pouvais m'empêcher de me gratter, ma peau était couverte de squames blancs qui tombaient par morceaux. Après un temps interminable, je distinguai le fond ; je descendis les derniers barreaux et m'effondrai au sol.

L'atmosphère était terriblement humide. Le sol était constitué par une épaisse couche de sable et les champignons luminescents baignaient toute la scène dans une atmosphère crépusculaire et verdâtre.

Quelque chose bougeait lentement devant moi. C'était un animal gigantesque, une espèce de crocodile hors de proportion. En fait, ce n'était probablement pas un crocodile, mais plutôt un sarcosuchus, une espèce disparue depuis la fin du Crétacé. Curieusement, je ne me sentais pas très inquiet. La bête bougeait peu, elle semblait léthargique, comme certains de ces crocodiles épuisés par la trop grande chaleur qui mettent des heures à réguler leur température corporelle. Le sarcosuchus était en train de se rafraîchir dans une flaque. Je mourais de soif, et comme la bête ne semblait pas agressive, je m'enhardis jusqu'à laper quelques gorgées d'eau à côté d'elle. L'animal paraissait troublé, et je finis par comprendre pourquoi. Une sorte d'affreux varan, mais ce pouvait aussi bien être son ancêtre prolacertiforme, c'était difficile de juger dans ces souterrains qui semblaient appartenir à une autre époque, était en train de creuser dans le sable à quelques mètres. Il labourait le sol de ses horribles petites pattes, et plongeait à intervalles réguliers le museau dans le trou. Il finit par remonter dans sa gueule un œuf énorme, qu'il déchiqueta pour en dévorer le contenu avec satisfaction. Il était en train de piller le nid de la mère sarcosuchus qui était trop faible pour le poursuivre ! Je regardai avec compassion la crocodilienne. Elle avait de magnifiques yeux dorés, et quelque chose dans son regard me rappelait Régine.

★

Richard Owen avait bâti sa réputation sur ses études minutieuses de plusieurs invertébrés et poissons. Influencé par Cuvier, il décida de se tourner vers l'étude d'espèces disparues. Des témoignages contemporains insistent sur le manque de scrupules d'Owen, qui n'hésitait pas à s'approprier les découvertes de ses confrères. C'est Gideon Mantell qui le premier décrivit une espèce de lézard géant, l'iguanodon, ou *dent d'iguane*. Mais c'est Owen qui, en forgeant le terme de dinosaure, ou *lézard terrible*, cristallisa l'intérêt pour les espèces disparues.

Lorsque le Crystal Palace, construit pour la première Exposition Universelle en 1851 à Londres, fut démonté et réinstallé dans un parc au sud de la ville, on confia au sculpteur Benjamin Waterhouse Hawkins la tâche de reconstituer la Terre au temps des dinosaures afin d'agrémenter les jardins.

Les conseils scientifiques furent donnés par Richard Owen. Celui-ci suggéra de construire, au milieu d'un

plan d'eau, trois îles correspondant aux trois âges :
Paléozoïque, Mésozoïque et Cénozoïque. Sur l'île du
Mésozoïque, Hawkins installa les premières sculptures
grandeur nature jamais réalisées de ces espèces disparues. L'iguanodon y était représenté marchant sur ses
quatre pattes, comme un grand lézard, et portant sur
le nez une griffe. Rien n'est plus faux. L'iguanodon n'a
rien à voir avec les iguanes, comme je le sais aujourd'hui.
Nous autres squamates avons la peau belle et verte, ce
qui convient parfaitement à notre environnement actuel.
Nous mangeons des champignons à petites bouchées, ils
sont très abondants et riches en minéraux. Mes griffes
me permettent de grimper le long des parois du souterrain avec agilité. Mais la plupart du temps, je ne bouge
pas. Le temps passe si lentement pour moi que je pense
que je durerai toujours.

fin

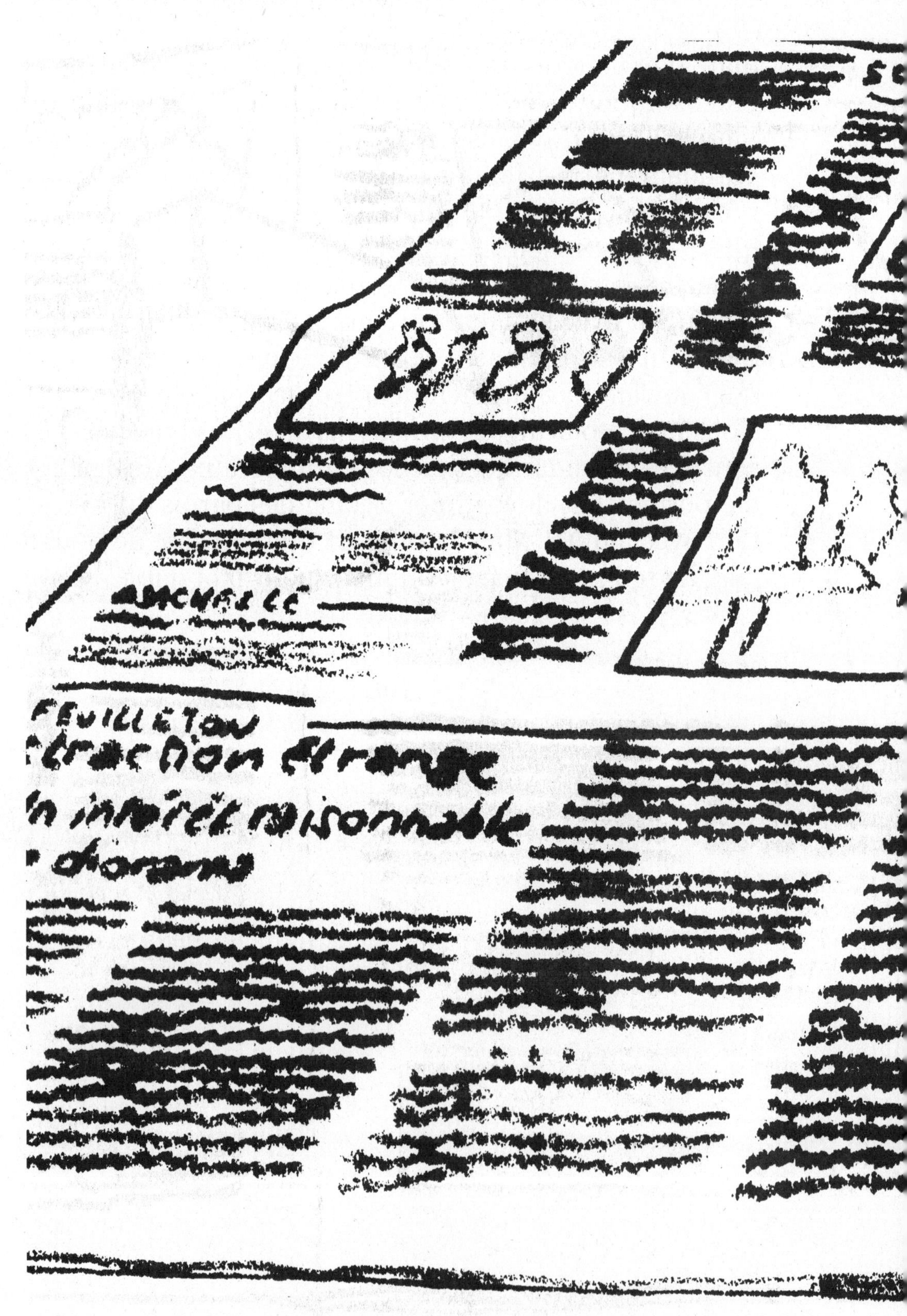

Journal *Le Républicain Lorrain* du 1er mars 2012 contenant l'*épisode 2* du roman-feuilleton *Attraction étrange* et cristal en verre moulé

DE QUOI EST-CE QU'ON PARLE LÀ ?

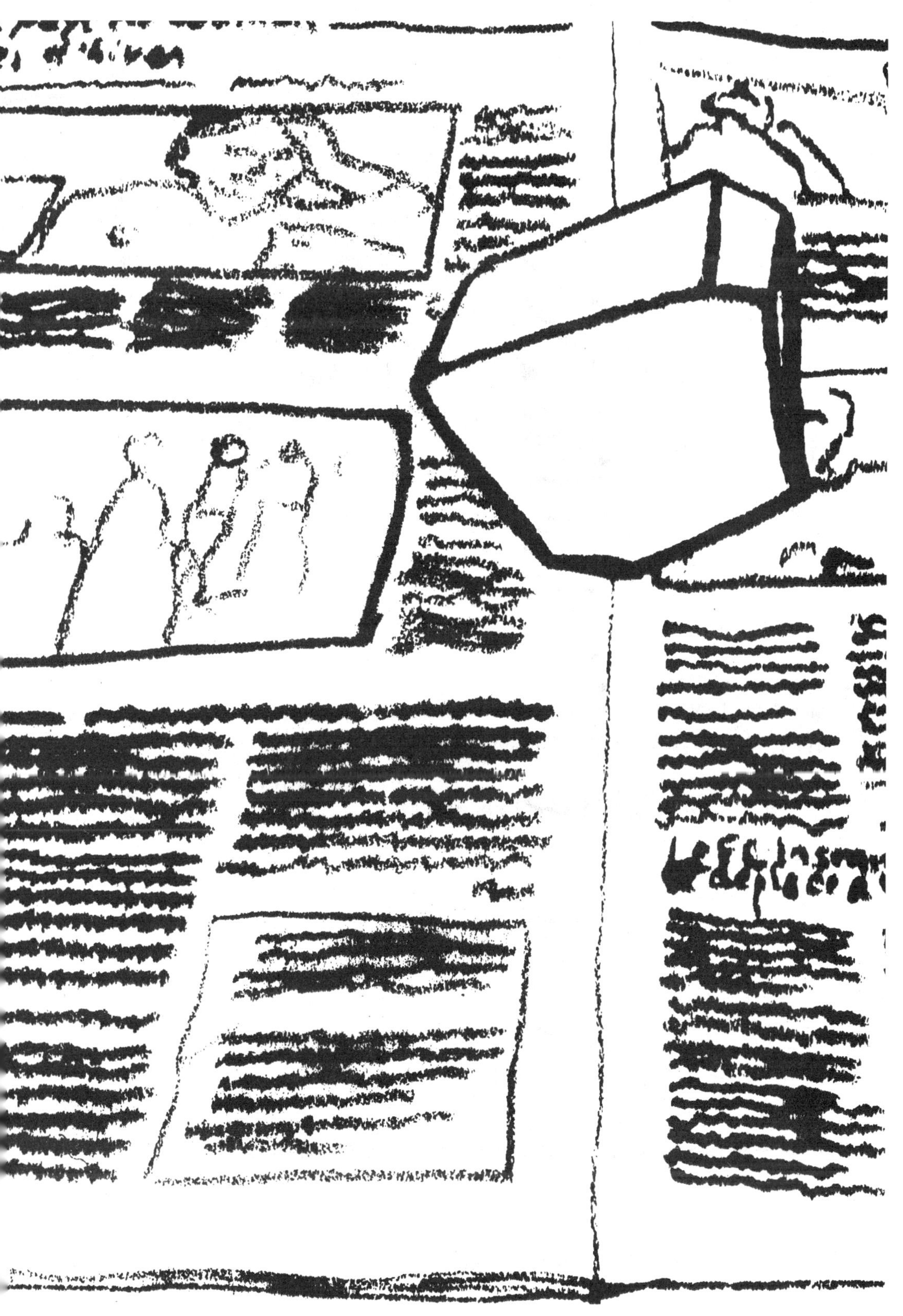

par
EMMANUELLE PIREYRE

ATTRACTION ÉTRANGE I

american dream

« Plus on amasse de richesses, plus on est indépendant. On accède à la liberté en pouvant se passer d'autrui, en se transformant en île. »

rêve européen

« Pour les Européens, la liberté ne réside pas dans l'autonomie mais dans l'imbrication. Être libre, c'est avoir accès à une foule de relations interdépendantes avec autrui. Les relations humaines entraînent la cohésion, laquelle entraîne la sécurité. »

rêve européen

« Alors que l'‹ esprit américain › s'épuise et s'étiole dans le passé, un nouveau rêve européen est en train de naître. C'est un rêve qui convient davantage à la prochaine étape du voyage humain — une étape qui promet de conduire l'humanité à une conscience globale mieux adaptée à une société de plus en plus interconnectée et mondialisée. »

rêve européen

« Une nouvelle génération d'Européens porte en elle l'espérance du monde. Cela lui impose une responsabilité particulière qui n'est pas sans rappeler celle que nos propres pères et mères fondateurs ont probablement éprouvée il y a plus de deux siècles, au moment où le reste du monde avait les yeux tournés vers l'Amérique comme un phare. »

Jeremy Rifkin, *Le Rêve européen, ou comment l'Europe se substitue peu à peu à l'Amérique dans notre imaginaire*, trad. Odile Demange, Paris, Fayard, 2005

ATTRACTION ÉTRANGE II

L'attraction étrange des Européens pour d'autres Européens ressemble à un rêve qui ressemble à un phare. Les membres fondateurs de l'Union européenne sont l'Allemagne, la Belgique, la France, l'Italie, le Luxembourg et les Pays-Bas. Ils sont rejoints en 1973 par le Danemark, l'Irlande et le Royaume-Uni. L'Union s'élargit vers le sud avec l'adhésion de la Grèce en 1981, puis de l'Espagne et du Portugal en 1986. Elle est rejointe en 1995 par l'Autriche, la Finlande et la Suède. L'Union européenne intègre en 2004 dix nouveaux États, en majorité issus du bloc de l'Est : Chypre, l'Estonie, la Hongrie, la Lettonie, la Lituanie, Malte, la Pologne, la République tchèque, la Slovaquie et la Slovénie ; puis en 2007 la Bulgarie et la Roumanie.

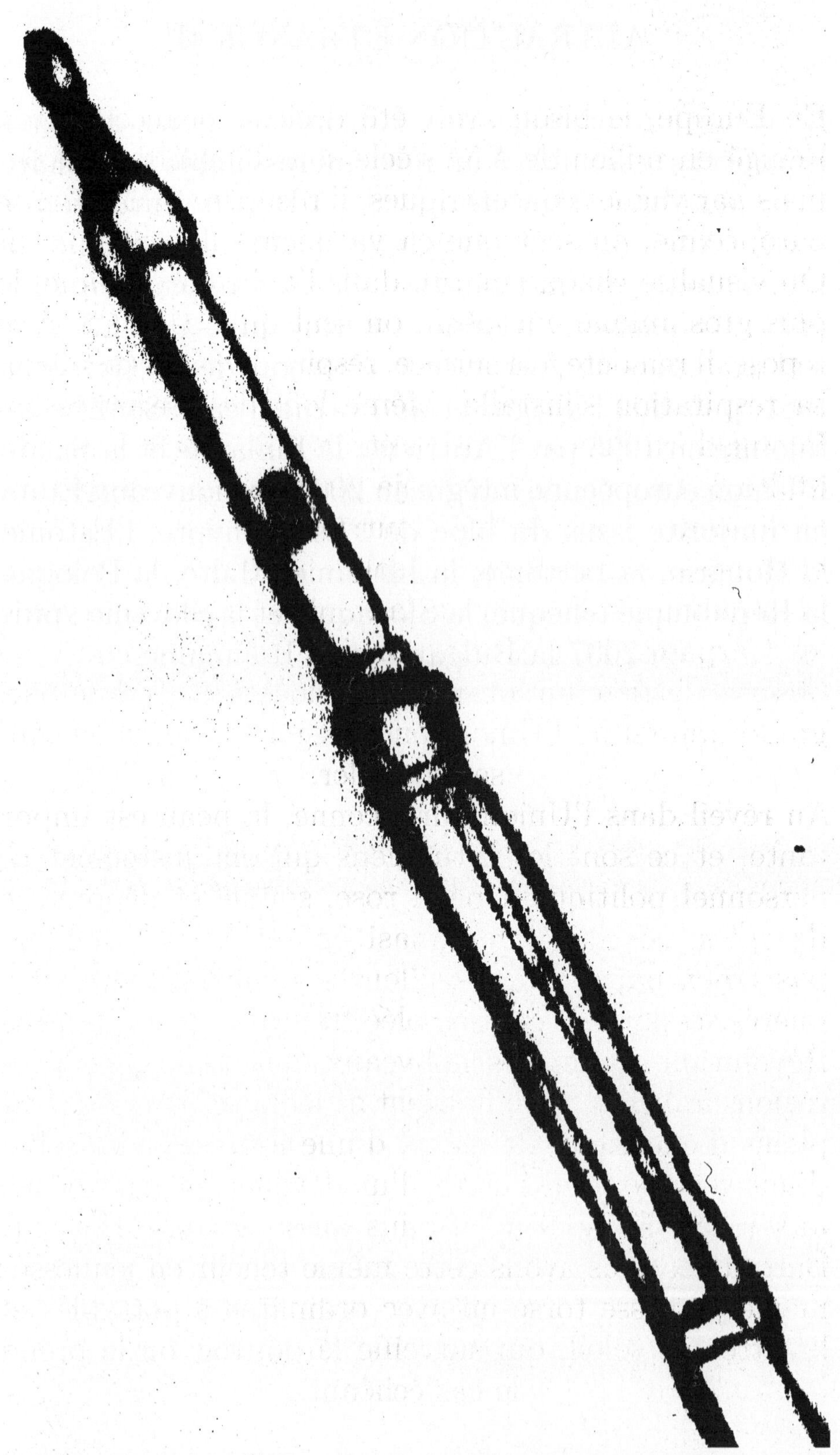

Train de sonde, collection Conseil Général de la Moselle —
Musée départemental du sel

ATTRACTION ÉTRANGE III

En Europe, le bison avait été décimé, beaucoup trop mangé en milieu de XXe siècle sous l'impulsion nazie ; mais par vagues concentriques, il récupère dans l'Union européenne, on sent que ça va mieux, il revient à lui. On visualise chaque matin, dans l'aube européenne, le plus gros animal européen, on sent qu'il se refait, il se repose, il remonte à la surface, respire de mieux en mieux, sa respiration s'installe. Même loin des Carpates, au Portugal, en Écosse, dans les étroites rues de la Valette à Malte, le bison nous tient déjà plus chaud, nous sentons la douceur de son épaisse fourrure brune qui repousse, et sa bosse par-dessous, ses solides pattes dans la neige. Mais quand on approche de la Pologne, quand on aborde les Carpates, là, c'est net, on jouit de sa sérénité, on observe derrière un journal pour ne pas le gêner le plus grand animal de l'Union, on le regarde tranquillement se repeupler.

Au réveil dans l'Union européenne, la peau est importante, et ce sont les Lituaniens qui ont justement ce personnel politique à peau rose, souple et dépourvue de rides, ces ministres quasi enfantins, ces députés pas trentenaires, qui éveillent les souvenirs des premières sessions de l'Assemblée française, juste après la Révolution, quand les nouveaux élus débarquant des régions françaises bondissaient de leurs voitures à cheval, pleins d'énergie et de grâce, d'une jeunesse admirable, d'une verve extraordinaire, d'un dévouement sans borne aux idées. Et hors de Vilnius aussi, à Riga, Helsinki, Barcelone, nous avons cette même teneur en jeunesse : même jeunesse torse nu avec ordinateurs portables et lunettes de soleil, qui surveille le pouvoir ou le prend le cas échéant.

Chaque matin, le Danemark, très chouette, va droit au cœur de ses partenaires. Comme beaucoup de petits, il est toujours de bonne humeur et sa présence réjouit les grands. Le matin, ni trop tôt ni trop tard, le Danemark bondit de son lit et rayonne, heureux. À 93,4 % il jubile de se rendre au travail, ses horaires ne sont pas stressants. Et avec cela, attentif au bien commun, confiant dans ses élus, paritaire hommes-femmes, non pollué. Et on le retrouvera le soir, trinquant avant vingt heures en disant « crâne », *skål*, pour se souvenir du temps où il buvait dans un crâne de loup.

La chaleur des corps de l'Union transitant le matin à la gare de Stockholm est captée, puis transportée par des tuyaux remplis d'eau, déplaçant l'énergie des corps vers l'immeuble voisin qui l'utilise direct.

Partout dans l'Union européenne, on travaille les réflexes, le rapide, le jeu de jambes, l'effet de surprise, prenant pour modèle les jambes de nos Suédoises, qui, dès les premiers rayons de soleil de mars, apparaissent déjà réveillées, aussitôt déjà dehors, aussitôt déjà splendidement brunies.

Comme ailleurs dans le monde, la retenue est néanmoins possible et même souhaitable dans l'Union européenne. On ne plongera pas nécessairement dans le sous-sol, on ne se jettera pas sur les choses en sous-sol, on ne tirera pas toujours le dessous vers la surface. En Italie, on patiente, on laisse les vestiges enfouis, car les mettre au jour serait les détruire ; on laisse le gaz de schiste où il est ; on n'arrache pas les épaisses moquettes bleues pour regarder dessous ; on oublie l'or dans ses gisements. C'est encore le matin dans l'Union, une Espagnole que vous connaissez à peine vous prépare un café. Une Espagnole sera quoi qu'on fasse plus volontaire que tout autre, son contenant à volonté est plus grand, et sa volonté supérieure, même en qualité. Elle vous sert le café dans sa porcelaine, elle est féministe et dort avec ses vêtements, elle a ses grandes chaussures qui dépassent du lit, elle fait un gâteau chocolat et cannelle, reverse de la chantilly bio dans les tasses à café, organise un jeu de société, et pendant que vous mettez longtemps à vous relever, tandis que vous vous sentez rêveur rêveur rêveur, elle est déjà dehors et nettoie votre voiture au jet d'eau. Au passage, elle en profite pour asperger les passants.

Le matin, des mûres énormes et noires, des cerises, de grands légumes inconnus et des plans sexe sont proposés sur les marchés slovaques. En Suède on mélange les déchets d'abattoirs et d'alcool illégal intercepté par la police, puis on remplit de cette horrible mixture les réservoirs des bus de ville pour qu'ils roulent. Et les Autrichiens enseignent aux Magyars les secrets de la pâtisserie. Ainsi passe en un clin d'œil la matinée dans l'Union.

Partout sur la planète, le rire vaut des steaks, l'Union européenne ne fait pas exception. Le samedi vers quatorze heures, en fin de repas de midi, les Français de l'Union aiment s'asseoir sur les beaux tapis rapportés du bled, prendre leurs petits sur les genoux, et rire des autres peuples. De week-end en week-end, les Français aiment s'asseoir dans leurs jardins, et éclater de rire en pensant aux Belges et aux Anglais, qui eux rient au même moment à propos des Français et des Irlandais, qui eux rient des Anglais. Les Portugais à cette heure-là font une sieste, mais aussitôt après ils ont rendez-vous à la plage pour plaisanter sur le dos des Espagnols qui rient alors des Portugais et des Français. Et c'est ainsi que le rire européen s'étend ; et adoucira, nourrira les traités européens. La Slovaquie rit de la Hongrie qui rit de la Roumanie qui rit de la Bulgarie qui rit de la Grèce qui s'amuse de l'Albanie. Les Polonais rient des Allemands et des Tchèques, dont l'humour, parfois légèrement limite, n'est pas toujours compris, comme la fois où un artiste tchèque avait eu l'idée d'exposer à Bruxelles une installation où chaque peuple européen était représenté par un poncif censé le symboliser, et cela n'avait pas fait rire.

« Ce n'est pas notre humour, d'ailleurs, mais une provocation de notre gouvernement anti-européen »,

s'excusèrent les Tchèques, qui par ailleurs ont depuis des lustres pris l'habitude de s'asseoir au jardin et de commencer à rire des Slovaques et des Allemands.
Et pourquoi n'entend-on pas les Slovènes dans ce concert d'éclats de rires ? Parce qu'à ce moment-là, les Slovènes dévalent silencieux à skis une de leurs montagnes, ils débarquent à skis dans une grotte pleine de stalactites, ils déchiffrent sur les parois rocheuses les graffitis laissés en 1213 par de lointains visiteurs de grottes.
Et pourquoi n'entend-on pas trop les Allemands ? Parce qu'il faut noter ce trait particulier que, si beaucoup de peuples, Danois, Polonais, Italiens, Tchèques, Autrichiens, Belges, en fait tous les peuples vivant dans le secteur, prennent plaisir à rire de l'Allemagne, l'Allemagne, elle, rit peu de ses voisins. Elle retourne son rire vers une partie d'elle-même, et rit en sourdine domestique de ses propres Allemands du nord.
De retour du travail, les Bulgares ouvrent la porte de leur maison, et se réjouissent de ce qu'ils sont propriétaires de leur logement, et ne peuvent pas le perdre, sauf s'ils divorcent. Mais s'ils divorcent alors ils se consolent, car ils retourneront chez leur mère. Et ils se consolent chez leur mère, car ils mangent concombres et tomates du jardin ; et les poulets et cochons qu'elle élève.

Tandis que le Britannique divorcé n'aura plus qu'à s'asseoir sur un joli banc pour regarder sa mère arroser la pelouse et soigner ses magnolias. Et seize fois plus souvent, se dit en secret le Bulgare, la grand-mère du Britannique sera collée en maison de retraite, et cela aussi console seize fois plus un Bulgare en train de manger sa poule en pensant aux choses.
Nombreux sont les randonneurs dans l'Union, au sortir des bureaux. Ils prennent leur sac et gravissent la moindre colline. Lorsqu'ils grimpent au sommet de l'Union du nord, ils entendent dans l'air pur au-delà du cercle polaire, les romances des chanteurs italiens. Et parfois l'air pur est si pur, et va si loin qu'ils distinguent la complainte néo-mélodique des chanteurs napolitains, bronzés, au torse rasé, chantant pour mille euros une de leurs chansons dans un mariage ou une communion, une chanson épique sur la grandeur, l'honneur et la tragédie des tueurs à gage de la Camorra.
Et dans leurs jumelles, au sommet de l'Union du centre, les randonneurs peuvent voir d'un côté des Hollandais pédaler victorieusement contre le vent et des Irlandais déjeuner dans le vent sur une plage rose et bleue ; et de l'autre ils voient les Grecs s'organiser, retourner à la terre, racheter les réseaux d'eau de leurs villes, ils les voient ne pas s'enfoncer dans la mer malgré le vent, et sur cette petite surface qui vacille, ils distinguent aussi très bien le mouvement accéléré des boulangers et des restaurateurs qui entrent et sortent, qui s'activent et distribuent leurs surplus de nourriture à des gens qui ont déjà tout perdu, travail, économies et maison. Et c'est formidable, parce que les boulangers et les restaurateurs organisent eux-mêmes la distribution, et qu'une entreprise de verre de l'île de Chios propose de leur envoyer des assiettes et même de payer le transport jusqu'à Athènes.

Les Français aiment aller faire un tour chez les Belges
juste pour les observer, les admirer, parce qu'en les
regardant, ils se voient eux-mêmes mais en plus ancré :
un reflet plus réel que l'original. Pour faire rire les
Français, les Belges leur font un sketch qui s'appelle
Jean-Luc et Chantal, où ils imitent l'accent français,
et c'est tellement drôle, c'est vrai, on dirait qu'ils se
mettent à pâlir.

Lorsque l'hiver la nuit tombe à quinze heures, toute
l'Union déboule sur l'Estonie en bottes de cow-boy
vintage, manteau jaune vif, mini-jupe grise ou veste vert
pomme. Nous aimons venir à Tallin humer la libération
que dénotent les couleurs vives, nous aimons sentir que
l'occupation soviétique est ridiculement loin, que le
couvercle a sauté. Nous secouons nos tignasses blondes
dans les night-clubs à chaque coin de rue, dans les clubs
lounge branchés, couleur banquise ou acidulée.

Chez The Icecreamists, le glacier de Londres, Lettons
et Estoniens font une partie d'échec à l'heure du goûter,
en dégustant la meilleure crème glacée au lait mater-
nel de femmes britanniques, aromatisée à la vanille.
Les Lettons veulent tirer les vers du nez aux Estoniens,
savoir pourquoi ils s'en sortent mieux.

« C'est simple, répondent les Estoniens, vous
avez du mal, coincés entre nous et les Lituaniens,
vous ne voyez pas suffisamment de peuples
défiler chez vous. Tandis que nous, à un jet
de pierre de la Finlande, sommes déjà forts
en langues, nous parcourons l'Europe pour le
business, alors évidemment. »

« Tu ne deviendras pas gros »,

disent par ailleurs tendrement les Néerlandais aux
Slovaques et aux Roumains.

« Nous sommes avec toi plus *chocolat au lait
Milka* que *Coca-Cola.* »

Le chocolat au lait Milka livré dans l'Union garde la
même composition partout. Attention en revanche au
Coca : de Berlin à Budapest, le Coca-Cola n'est pas le
même : si le sirop de base reste identique, Coca ajoute
des sucres moins chers à partir d'amidon de maïs dans
les pays les plus pauvres. Au goût, la différence entre
glucose-fructose et sucre est presque imperceptible, mais
il provoque l'obésité et accroît le diabète.

« Cela n'est pas notre idée d'une union, nous
désirons limiter le diabète, nous te désirons
beau, en bonne santé »,

murmurent les Néerlandaises aux Hongrois.
C'est vrai, il y a eu dans le passé cette histoire extra-
Union de l'Espagne avec la Russie, quand sur la Costa
Brava, les petites annonces immobilières commencèrent
à être rédigées en russe. Mais c'est fini à présent, on
n'en parle plus, les merveilleuses criques espagnoles
restent, et ce sont les immeubles vides de la mafia russe,
à l'abandon, qui s'effondrent par l'intérieur à côté des
piscines au carrelage décollé.
En fin d'après-midi, on s'active de plus belle, ça carbure
dans les agences d'archi où s'invente l'habitat de demain,
on boit des dizaines de cafés. D'un côté, au Portugal, on
s'inspire du Japon pour inventer des maisons transpor-
tables, peu chères, vite construites à partir de panneaux
modulables, tirant le meilleur parti de la lumière natu-
relle, adaptables en matières et couleurs aux goûts de

l'occupant ; en même temps au Danemark on prépare
l'après-pétrole : habiter les silos, après nettoyage par des
bactéries mangeuses d'or noir. On ouvrira les volets de
ces containers étanches, le matin on saluera les voisins
du silo d'en face.
La journée est immense dans l'Union et nous dînons tard.

« *Skål* »,

trinquons-nous d'abord avec les Danois, en mémoire
du temps où ils buvaient dans un crâne de loup. Puis
nous aimons finir la soirée par une virée sur le bord
oriental, à Bucarest, Budapest, voire carrément Chypre.
Nous ressentons l'Orient par petites bouffées, passant
d'un salon de thé viennois à un bain turc, la musique
est présente partout. Nous nous laissons envoûter par
les rhapsodies de Liszt et pleurons d'émotion devant
un violon tzigane. Puis nous faisons du stop avec plein
d'autres Roumains, il y a une grosse ambiance, nous
débarquons en Italie, et passons allumer un dernier feu
sur la plage où Pasolini fut assassiné.
Un soir, le ciel de l'Union est clair, les étoiles illuminent
la nuit, la campagne est magnifique, et la Finlande, une
fois n'est pas coutume, se fait un petit trip solitaire.
Déjà elle se dit que parti comme c'est, elle gagnera plein
de médailles aux JO d'hiver. En plus, si on ajoute les
médailles des autres pays européens, l'Europe est inten-
sément olympique, elle joue, elle participe, elle gagne.
La Finlande regarde ses forêts et se trouve belle.

« Je ne suis pas homosexuelle »,

se dit-elle. La Finlande connaît de fortes températures,
malgré sa latitude septentrionale. Elle se sent bien, le
soir tombe, elle est survoltée, comme cela arrive parfois

quand le soleil bascule derrière les sommets. Elle regarde
ses montagnes changer de couleur.

« Je ne suis pas homosexuelle, se dit-elle, mais
si je l'étais, je m'épouserais et je serais obsédée
par moi. »

Cela dit, simplement un soir. Tous les autres soirs, la
Finlande s'endort dans l'attirance et l'amour de ses
partenaires.
Le soir, avant de dormir, nous lisons encore les auteurs
autrichiens, nous écoutons les artistes autrichiens, nous
les observons faire leurs expériences, nous regardons
leur sang couler.
Pas besoin de boules Quies pour s'endormir au
Luxembourg, même si on dort dans une voiture, le
sommeil est rendu paisible, non par le silence, mais par
le flux et le reflux du vent dans les arbres de la forêt.
On devine par ce flux et reflux régulier que l'argent se
refait, qu'il se repose, remonte à la surface, respire de
mieux en mieux, que sa respiration s'installe. Ok, ici
et là quelqu'un rêve qu'il traverse sans encombres la
frontière avec dix mille euros en petites coupures, mais
ce n'est pas le rêve principal, juste un épiphénomène,
un ridicule épiphénomène de rêve à dix mille euros par
tête de pipe. Le rêve général visualise en songe l'argent
récupérant, se sentant mieux, revenant à lui. Parfois
une bulle éclate et tout disparaît, mais on se rendort
bien vite. Écoutant le flux et reflux du vent dans les
branches au-dessus de la voiture, on sait que l'argent
réaugmente par vagues concentriques et, tranquillement,
se redensifie.

ATTRACTION ÉTRANGE IV

Eurozone output shrugs off debt fears

Fears over eurozone debt crisis deepening

New fears on Greek rescue

Eurozone fears resurface

Italy's bonds in danger zone

Businesses plan for possible end of euro

Downgrades for France and Austria

Financial Times, 4 janvier, 11 janvier, 15 juin, 6 septembre, 8 novembre, 30 novembre 2011 ; 14 janvier 2012

Cameron attacks eurozone

Greeks inflamed by new demands

Barcelona stock exchange vandalised in Spanish protests

Eurozone in Crisis

Faith in euro firewall fades

Time to break the glass? The eurozone on edge

Spain in appeal for bankaid

Fears rise over EU handling of debt crisis

Financial Times, 27 janvier, 11 février, 30 mars, 8 mai, 15 mai, 1er juin, 6 juin, 13 juin 2012

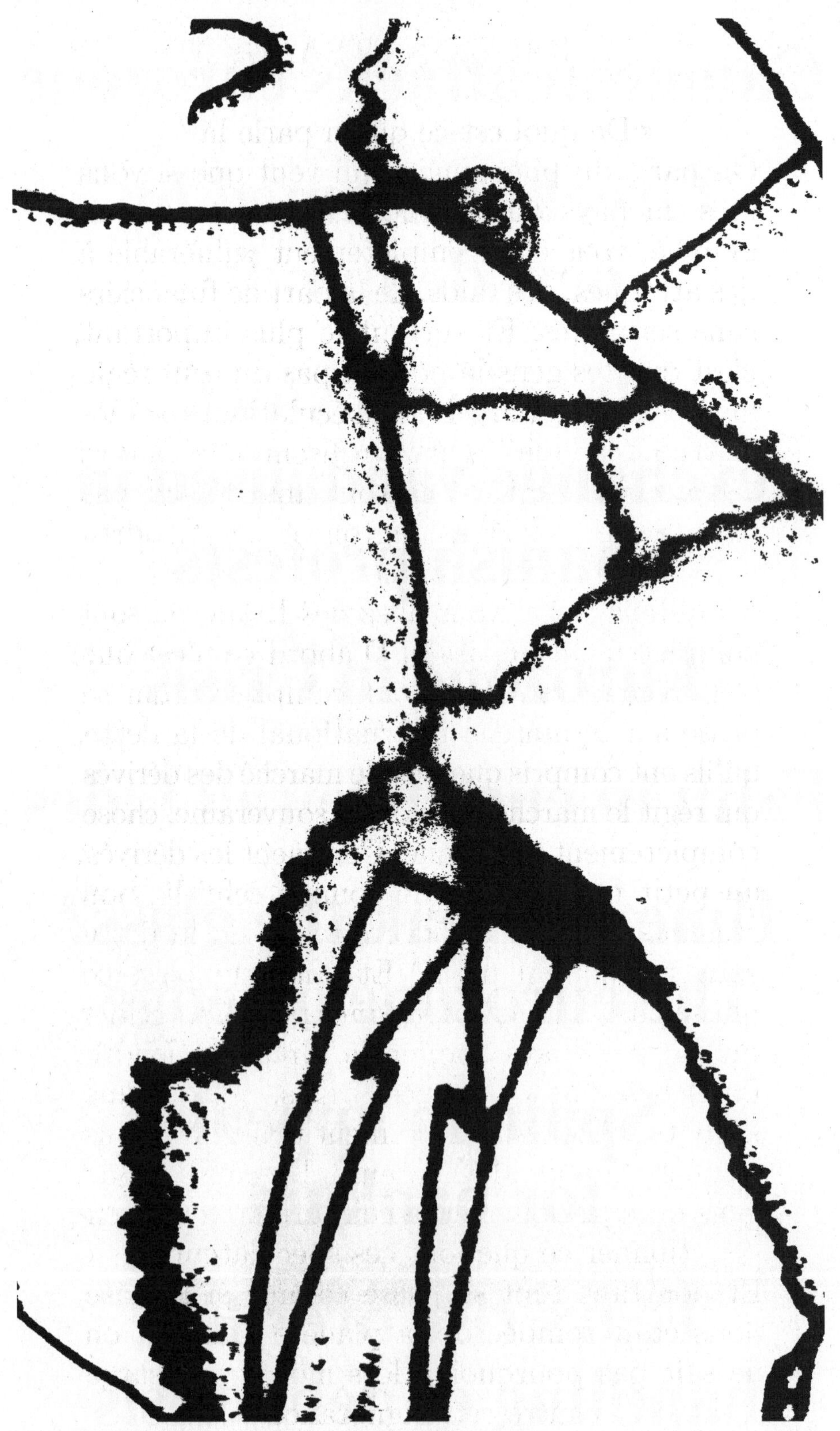

Crâne avec des marques de coup, région de Delme,
collection Ad duodecimum

ATTRACTION ÉTRANGE V

« De quoi est-ce qu'on parle là ?
On parle du phénomène qui veut que si vous êtes un pays dont la dette est cotée sur un marché, vous êtes complètement vulnérable à des attaques, des raids, de la part de financiers sans scrupules. Et surtout le plus important, c'est que ces gens-là ne sont pas du tout réglementés. Le marché de la spéculation, tous les instruments que ces gens utilisent, c'est-à-dire les produits dérivés, ne sont absolument pas réglementés par Washington et par Londres.
(......)
Au milieu de ça, vous avez des États qui sont complètement dépassés. D'abord ce n'est que tout récemment qu'ils ont compris ce qui se passe sur le marché international de la dette, qu'ils ont compris que c'est le marché des dérivés qui régit le marché de la dette souveraine, chose complètement grotesque. Comment les dérivés, un petit marché opaque comme celui-là, non réglementé, peut décider du sort de la dette souveraine d'un pays ? Et pourtant c'est ce qui se passe : cinq *hedge funds* peuvent décider qu'un petit pays comme la Grèce s'effondre. La richesse de personnes réelles, qui ont une activité réelle, est directement transférée dans la poche de ces spéculateurs. Des millions de gens doivent se serrer la ceinture pour subventionner ce que font ces spéculateurs.
Et pourtant tout se passe comme si la crise nous était tombée de la planète Mars, et on ne sait pas pourquoi. Alors moi je m'insurge contre cette ignorance. »

Myret Zaki, Fonderie Kugler, Genève, 3 décembre 2011

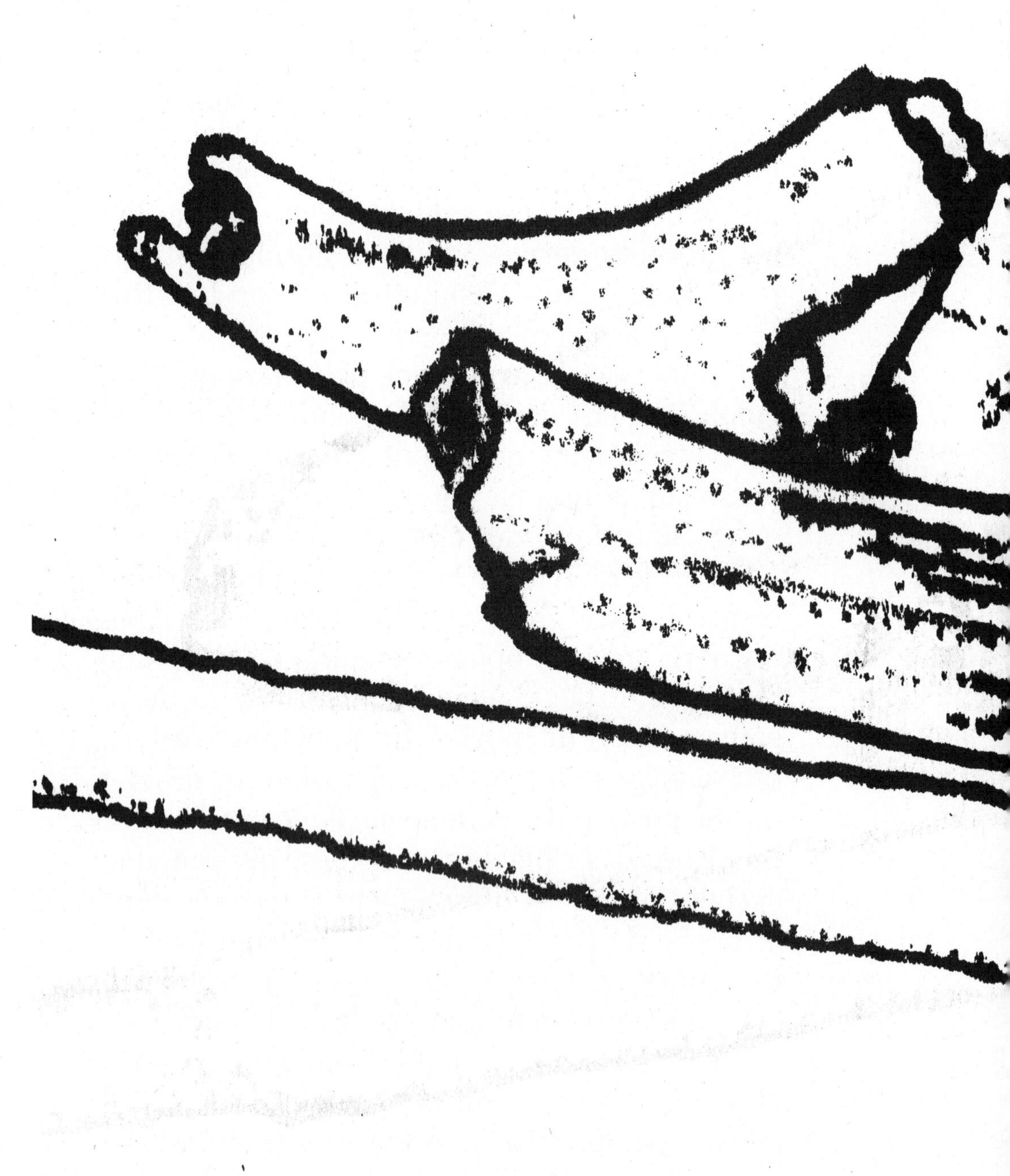

Cornes, région de Delme, collection Ad duodecimum,
Scramasax (VIᵉ siècle), collection Musée barrois

CRACHEUR DE SOUPE
CONCEPTUAL-FANTASY

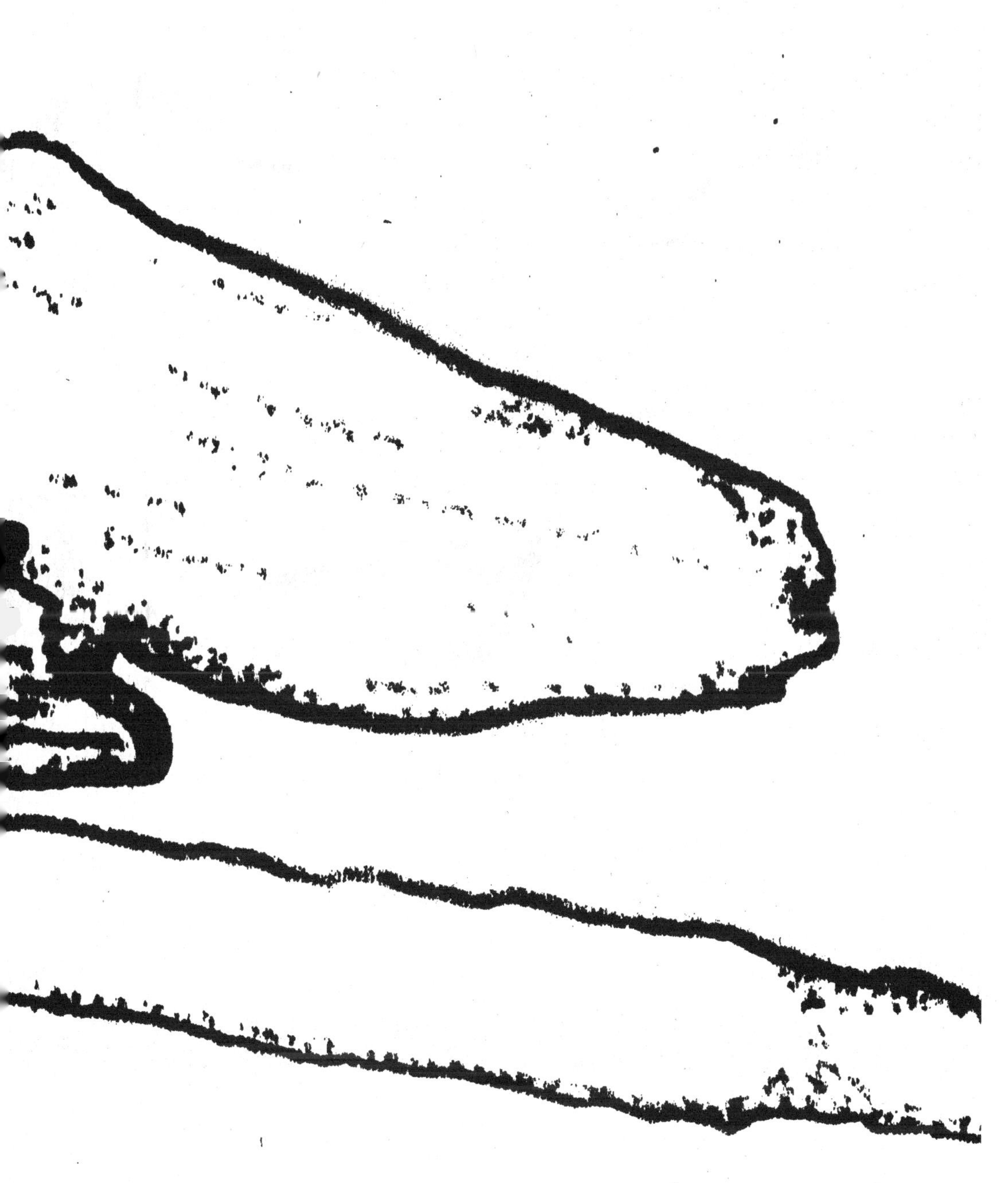

par
STÉPHANE BÉRARD

Où le lecteur découvre le rêve d'un personnage qui rêve
d'un autre personnage qui rêvait tout à fait d'autre chose
mais dont on rattrape tout de même le fil......

★

À galoper sur une sente rabotant le sabot, à cet endroit
du vent, l'homme rose chevauche, avance en d'anciens
pièges qu'une saison apache dilate, le temps en contrebas
duquel flambe un beaucoup trop gras soleil.
Nulle et non avenue la poussière raye le canon strié au
barillet, encrasse l'époque.
Franck Vallone atteint un point, pour dominer une
plaine, s'emplir, déjeter un chapeau, relever le cheval,
regarder en arrière si le paysage est plus intéressant.
Il était enfant prospère, quand, encore tourné vers les
hommes, il envoyait de fortes sensations reléguant le
futur, non loin du lieu-dit Realpanier.
Realpanier s'offre maintenant tel murmure finalement,
ce sentiment qu'enfant où nous serons heureux d'en
finir quand le vent, le souffle des airs chargés d'haleines
fortes, sablant les us, leur donnant cette étrange tour-
nure, fabriquant des clichés pour bar-tabacs voire de
salles d'attentes des urgences, des silhouettes par la pluie
cinq fois l'an, décorant les grès en Indiens silencieux,
rouillés, qu'enfant donc, ces statues fondent (sur lui !)
mais au sol, maintenant debout au soleil.
Alors c'est un tumulus et Franck frissonne qu'un
tombeau Navajo incrémente le terre-plein célébrant la
mort, expulsant ces membres au-delà de Flery jusqu'en
des trous autrement, ceux des mines d'argent, côte à
côte avec leurs vainqueurs aux visages pâles.
Quelquefois ils retroussent les manches, crachent les
pognes, s'attellent en blousons de cuir et de peau
retournée dont les franges viennent visiter l'ancêtre,

et comprendre qu'il gît bien encore, quand chaque frange
est une prière et une provocation aux forces gravita-
tionnelles (du cosmos) ; braver la nature, l'affronter, et
la frange est une preuve ornementale qu'il y a du corps,
et du corps franchement bestial qui se dresse encore et
toujours sur ses pattes, enfin le plus possible, la frange
est un fil à plomb prouvant l'aplomb, la verticalité, la
posture à celui qui pourrait en douter (le non cow-boy,
le non pionnier, l'homme des villes).
Alors ils méditent et partent, marmonnent la langue,
observent grand chose, l'arrière-train du Mustang, sous
son ventre la bite qui en sort rougie puis re-rentre
aussitôt ; ils ressemblent à des briques du nord de la
France, leurs visages.
Franck se pense observé vu sa façon de ne rien laisser
transparaître, en d'autres occasions il se rappelle qu'ils
éteignaient leur teint de brique, réfractaires en visitant
jusqu'au ranch du vieux Rick Eating, néanmoins mieux
ne vaut patienter la nuit, ni s'approcher du tumulus, ni
même faire cuire des haricots péteurs alentour.

« John ? »,

pense Franck, il imagine Johnny et l'intention d'assu-
rer le contour net du nez de John, des yeux approchés,
presque bleus derrière de fines montures où les cheveux
sont blonds comme un ranch dépassé par le soleil depuis
la matinée, détourant John de son tracé initial, au léger
déhanchement lorsqu'il bute sur un talon qu'il perd
lentement, au coin de saloons.
Il a du poil au torse et évite de justesse une branche
basse à l'encolure de sultane, tandis qu'il creuse un
espace corporel d'entre le dos de la jument et ses ischions,
à peu près, surveille un fourré s'il y choit, imagine une
issue la moins épineuse, est surpris par un loup-cervier,

un veau qui boite ; trois mouches au coin de l'œil lui boivent du cérumen, patrouille, rate un cougar à la carabine, frappe un arbre à la barre à mine, pousse son cheval dans la pente.

La journée met le cap sur rien.

Mais a-t-il perçu un léger souffle dans l'ultime fourré sur la gauche ? C'est quelque chose qui pivote et broute : un alezan foncé, sellé, bridé ! Alors Johnny se couche mal sur le côté, lui permettant de n'affoler l'ongulé, tout en rampant. Franck ne bouge, mais ses yeux contrebalancent le délai qu'il met à profit d'en attraper les rênes, et sans difficultés emporte le mors et les gencives avec. Lorsqu'au derrière d'une cheminée-de-fée ocre préoccupant la piste, il vérifia quel était le cheval qu'il tenait, car celui de The Barber (Paul Eaty dit « The Barber ») broutait vers les doigts de pieds de son frère, jumeau, assis, inachevé, en voie au frisson, car l'alezan eût un doublon troublant s'il n'y eût un X de cramé à sa fesse.

« Vivement, Hey ! »

« Saluge Honkitongue women. »

« Hey, qui c'est-y ! Garçon, mais d'où traînes-tu l'ongulé ? »

« Ho ! Je passais tiens. »

« Damnation, tu rigoles, cette selle bridée n'appartient-elle pas au Barber ? Ah non, à un Peau-Rouge ? »

« Non non. »

« Ok. »

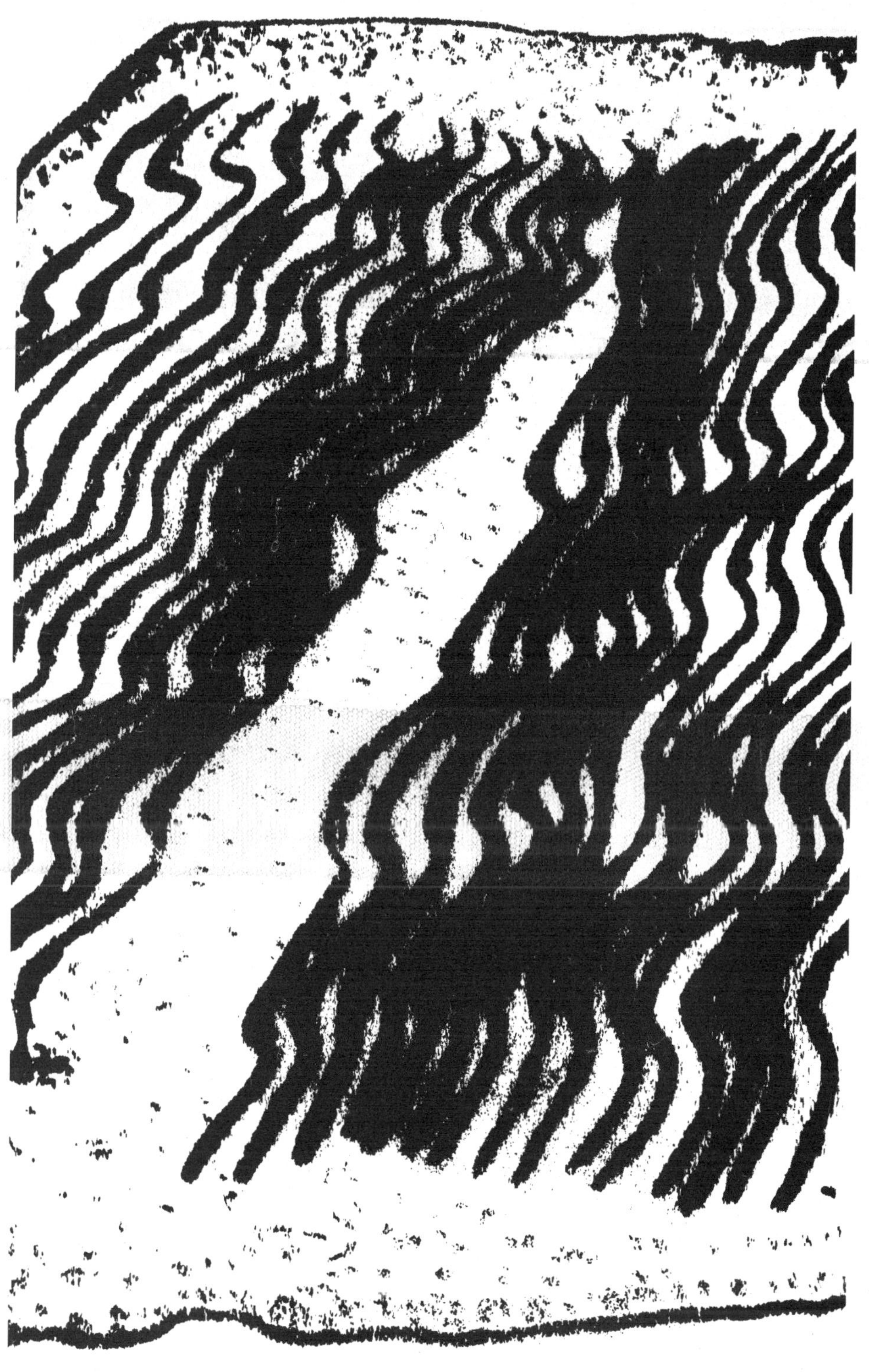

Poterie gallo-romaine, région de Delme, collection
Ad duodecimum

« Prends-le facilement. »

John hurle un contact souhaité d'avec le cavalier man-
quant, démultiplié contre les parois du canyon.
Appelons-le Mister X, où le cheval se cabre d'illusion
sous la surprise d'un crotale, X tombe sur la tempe et
décède.
Ou alors le cheval pose une jambe qui traverse un terrier
de suricate, X tombe sur le bord, exécute une fameuse
roulade, s'en sort bien, met la main, un scorpion l'attend.
Ou alors X dont le cœur fatigue — vu la vie au grand
air — s'étouffe alors qu'il n'est même pas encore tombé ;
le chocolat et des liqueurs obstruant, barricadent l'accès
de l'aorte, contrefichant le souk dans le garçon vacher, à
terre pour toujours, en poussière sur des étagères parfois.
Quand au loin, la vapeur agit sur la suite, mais non en
rail guidant et défendant au train de divaguer, étayant
cinq cactées, mesurant une saignée réparable, mais par
le canal aux confins qui d'Amériques à l'Europe en
pincées de secondes et de navigation tatillonne (vingt-
quatre jours) à voile, mais telle digression n'entamant
l'enthousiasme, allez !

« Wake up, debout Almoud, Almoud ! »

« Oui...... »

Le soleil pour feu orange, indécis passera-t-il au vert ?
Stopperons-nous dans le rouge brusquement mâtiné,
annonçant un sirocco nouveau en élément glissant ses
ongles aux couvercles de vastes citernes,

« Oui. »

Oui, nous sommes au Caire, à l'hôpital Khemir Ban Idd, et les événements relatés plus haut (Franck Vallone, The Barber et le demi-frère Johnny) ne furent qu'un songe dans l'axial commerce interne d'Almoud al Riwer, tout jeune, s'éveillant pour une radiographie (alors qu'il lui faudrait plutôt un scanner) mais quelque chose cloche ; il y a de la pelouse par delà les eaux bleues et beiges de l'horizon où brille l'architecture encore découpée de réverbères, les premières lumières d'Asie, les remparts protecteurs zigzaguent sous les yeux de toi, lecteur.

« Oui. »

Lecteur, pense à Almoud, à tes doigts retenant orthogonaux un peu aux prunelles que tu ne promènes comme une boîte à musique aux lamelles ici d'acier vibrant toutes, à la longueur, l'état du métal, ses découpes, ses alliages, ses virgules (sur le mur des toilettes publiques). La forme d'Osiris et de Râ, fleuve et étoile radieuse à la base des données urbaines, ici en pure discipline, sociale imposée d'une crue annuelle au Nil, organisant la monarchie des Pharaons.
Le temple et le tombeau se prenant pour dieu à la ville, dépendant d'une ligne droite cultuelle utilitaire, où l'Égyptien lambda paye la redevance aux parcelles octroyées d'un devenir carré parce que la crue emporte l'eau à la besace de l'arpenteur tiré du Nil, octroyant jusqu'à une ristourne par décret et dégâts des eaux, avérés. Ainsi la géométrie passera en Grèce, on montera des remblais, imposera des fossés en forme de rectangle, de nome hiéroglyphique, en forme de piscine, vue d'hélico. Quant aux pyramides de curiosités, aujourd'hui seuls bigots visitant nos églises ne le sont qu'a priori sans papiers d'identités, puis refoulés par les mêmes curés aidés de CRS.

Elvis Memphis Tennessee, oui et non car du côté de Memphis sur la rive gauche du Nil Osiris devient Râ, se barre dans le Cosmos 99 retrouver son papa, le ciel rougeoie d'une voûte communiste funeste en avenue bordée de sphinx (gardes rouges).

« Franck ! Hey Franck bordel ! Putain Franck ! »

« Ah ?! »

Franck revient à lui, il est tombé du haut du dos de sa monture, le nez à terre dans le sable jusqu'à la tempe, John l'asperge, le nettoie un bon bout de temps d'un mouchoir humide, extrait calmement les sucs et le sable cumulés près des lèvres et de sang tout à fait sec rendant Franck à nouveau, tournant de l'œil, pâlot, vomit un poil, bave, re-blêmit mais se concentre encore sur ce spectacle de cercueils bâchés d'un chariot que seul le dérangement de centaines de mouches pondant le mieux possible, mais dans le stress, car une mouche ne pond qu'une fois au coin des lèvres, sur les gencives des hommes allongés près des chevaux dételés et dont le souffle ne servait plus.
Un air vraiment, entonné fonçant sur John confortant le demi-frère blond aussi, maintenant mieux appuyé contre la selle, qu'ainsi se fredonne :

« Black Jack David sur son cheval s'avance
à travers les bois,
Il chante à tue-tête et le cœur gai,
Sa voix résonne dans les arbres verts, verts,
*Et il séduit le cœur d'une jeune fille »**

Plusieurs voix, plusieurs fois dont celle du vieux Ricky Eating répétaient de n'aller provoquer quoi que ce soit

*Cliff Carlisle, « Black Jack David », Decca, 1939

en cet endroit ; on ne questionne l'indianité du secteur qu'au bureau des affaires, à Cheyenne sous le soleil éblouissant comme plein phares la nuit, de manière à ce qu'ils plissent les yeux, eux qui n'inventèrent pas le Stetson.

L'immobilité informe l'air vrombissant d'insectes, bientôt les vers blancs graisseraient les articulations, des tendons n'y seraient et longeraient les brindilles dessous, rogneraient les planches poncées des vingt-quatre cercueils neufs.

C'est une plante grimpante, l'image d'un lierre parasitant les déductions, Franck rit, des étudiants en médecine de Sacramento ; on les trouve potaches et morbides, et passent l'énergie de transbahuter tout cela jusqu'ici et par la mauvaise piste.

John ne peux réprimer

« Prffron »

d'avec la joue allée d'avec la glotte, le souffle à cette tension narrative, naïve de ne flanquer la pétoche au frérot à demi malade, mais solide puisqu'il s'accroupit maintenant, tente de déféquer, n'y arrive se relève et dirige son jet contre une cactée. John lui crie

« Attention ne va pas te la percer à nouveau ! »

Ainsi va l'urée au chant contre le rocher dessous, crépite un peu ce temps, fonçant le sol, le lichen gargouille et dégage une fissure, on dirait.

En fait, il y a une vraie anfractuosité de canyon tout près et le lichen conduit le regard jusqu'à là, suivant la pisse refroidit au tumulus raconté (Ricky Eating) où depuis derrière un taillis réel, un souterrain dévaste le sous-sol, le bouleverse vraiment.

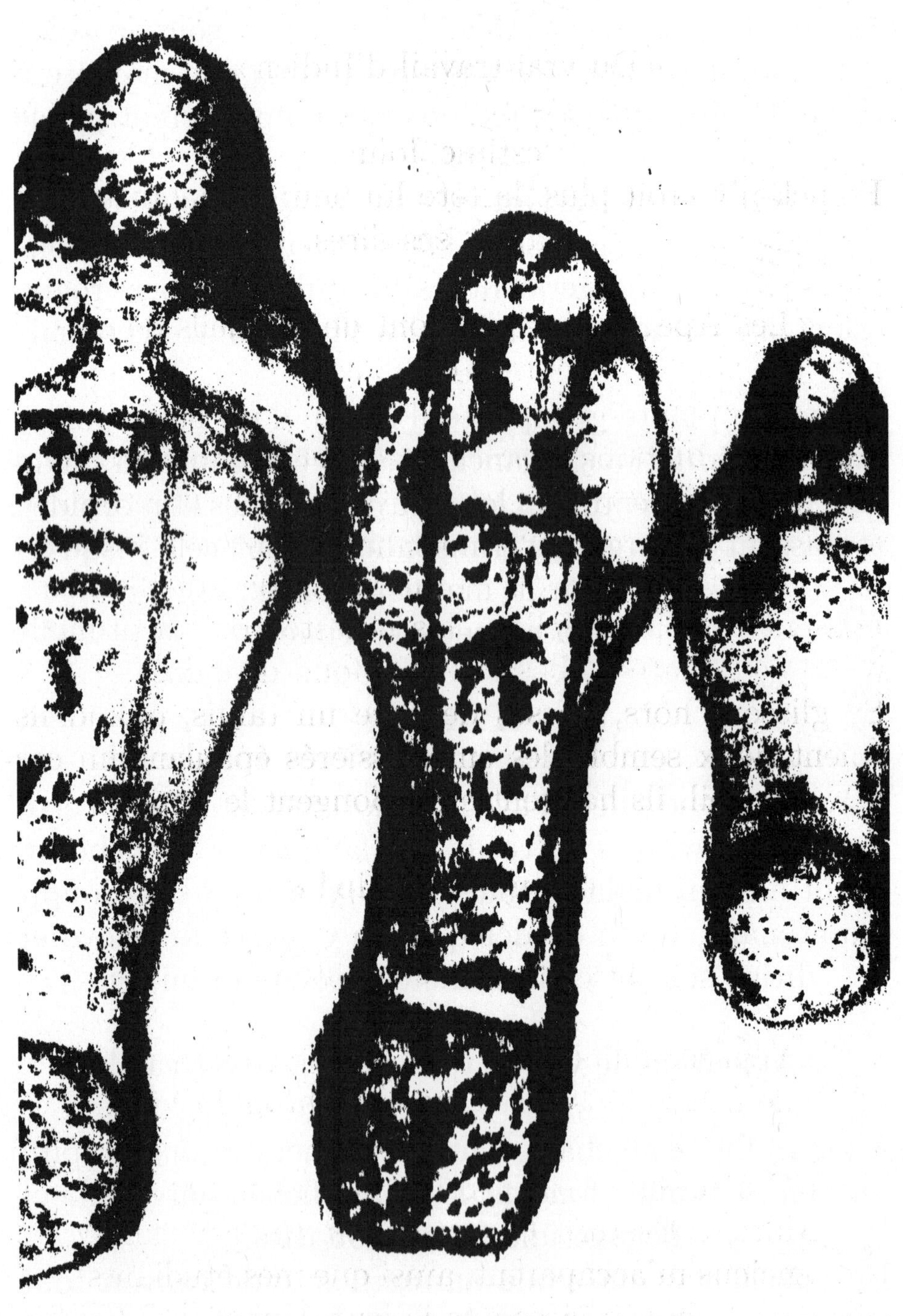

Ouchebtis, Basse Époque (VIIIe–IIIe siècle av. J.-C.),
collection Musée barrois

Des étais, des poutres apparentes, mal sculptées,

« Du vrai travail d'Indien »,

estime John.
Franck n'y croit plus, la tête lui bourdonnerait encore
d'après ses dires.

« Les Apaches jamais n'ont de cercueils de ce
bois-là et p...... »

Une lueur danse, contemporaine plus avant, au fond
et couvre les voix des frères ; ils se retirent vivement
à pas de Mohicans, aux coussinets de leurs mocassins
ne gagnent la sortie qu'au minimum de gravillons qui
crissent sous la semelle, mais funeste pour la prunelle
dilatée tabassant leur fond d'yeux.
Se glissent hors, plissés derrière un taillis, quand ils
voient deux semblables empoussiérés épaulant un cercueil, ils halètent et s'épongent le front.

« Youp youp hip ! »

Les hommes sursautent.

« Yapi chouldinite grééédo ! N'ayez crainte, mais
que fichez-vous ? Êtes-vous anthropologues ? »

« Oui, c'est vrai, et voici mon assistant Guy
Matt, d'Eastern University, et ces ossements
anciens m'accaparent, ainsi que mes étudiants
en exercices que je leur donne. »

« Ce n'est guère régulier. »

« Ce ne sont qu'Indiens, mes amis ! »

« Remets ce cercueil sur le chariot et cap au
ranch. »

L'assistant prend les guides, étonnant John pendant
que Franck pense à l'autre monture et mande :

« Et l'autre l'attellerez-vous ? »

« Quel autre ? »

« L'alezan sellé dans les buissons. »

L'assistant déplore une enjambée au sol depuis le coussin
de cuir du siège redressé, reste accroché à l'accoudoir
d'épicéa par la manche vivement retroussée d'un bruit
de tissu qu'on déchire. Parfaite réponse, Franck n'insiste.
Tous scrutent le lointain, des oreilles et des yeux, où
rien n'intime qu'une profonde piste de tracas.

« C'est peut-être un Indien, mais il porte des
bottes à talons. »

« Un queer ? »

« Non, un cow-boy ! »

« C'eût été en mocassins, comme nous, que
l'homme au teint cuivré eût les pieds ceints, il
aurait pu faire réfléchir s'il n'était blanc usant
comme nous de mocassins. »

« Ok, entamons cette boucle de retour vers le
ranch. »

Tous froncent des sourcils, Franck plus que les autres en les secousses ouatées des sabots dans le sable, enfonçant le cheval d'une translation molle, rendant le petit groupe mobile, et parallèle au sol poussiéreux, un cheval éternue.

à suivre

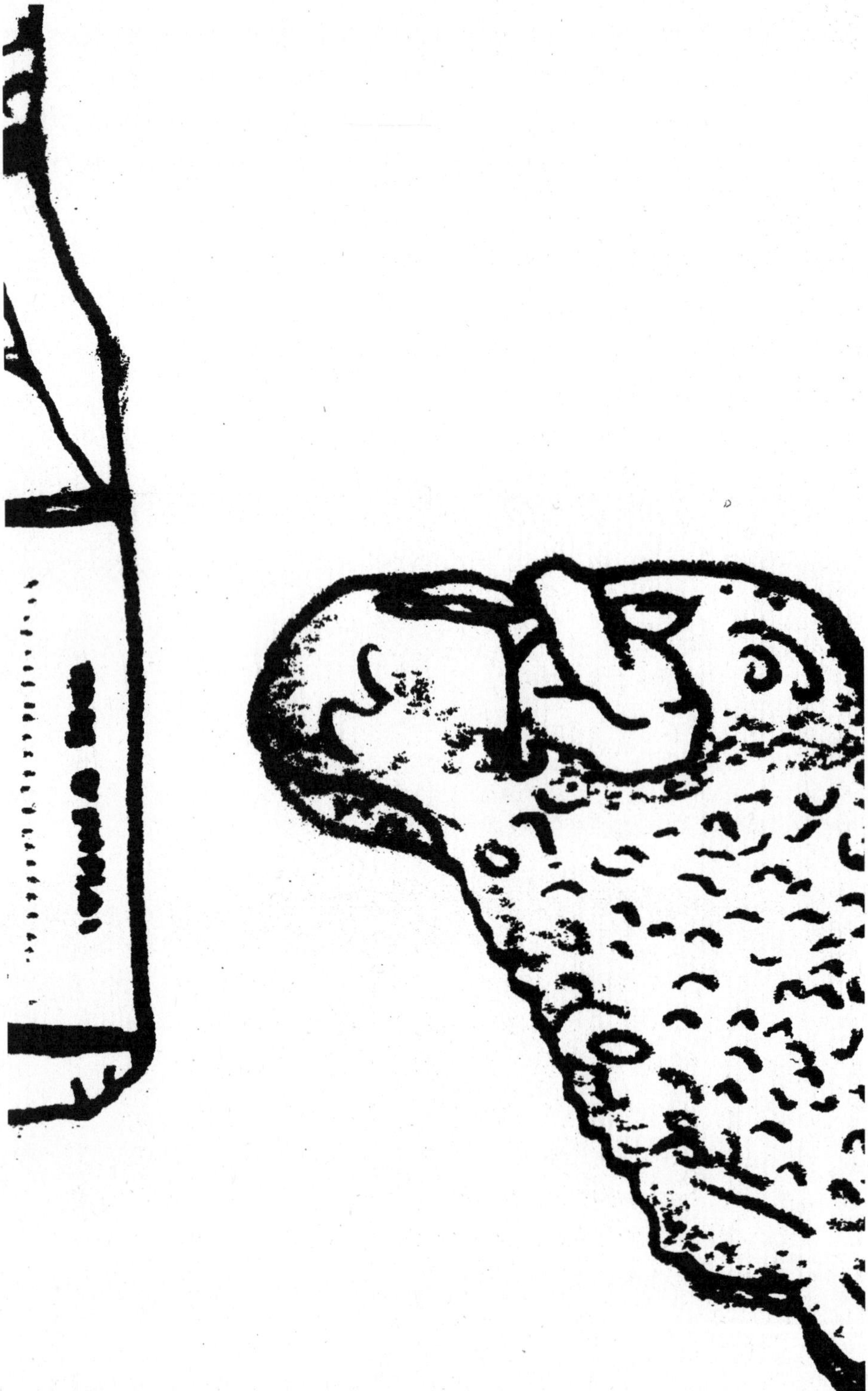

Flacon Byla de Surrasthénine (XXe siècle), plaque-boucle (VIe–VIIe siècle), collection Musée barrois

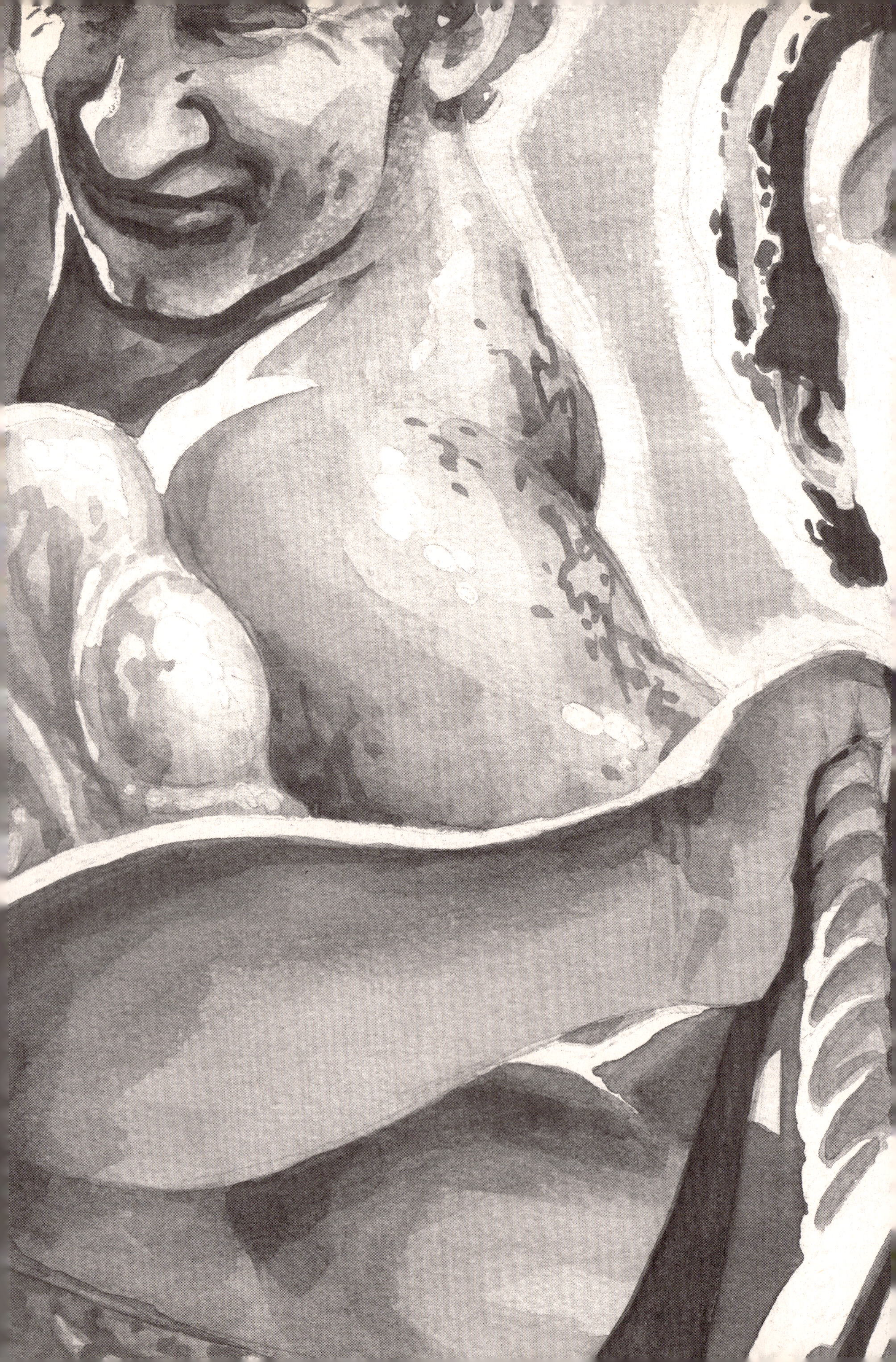

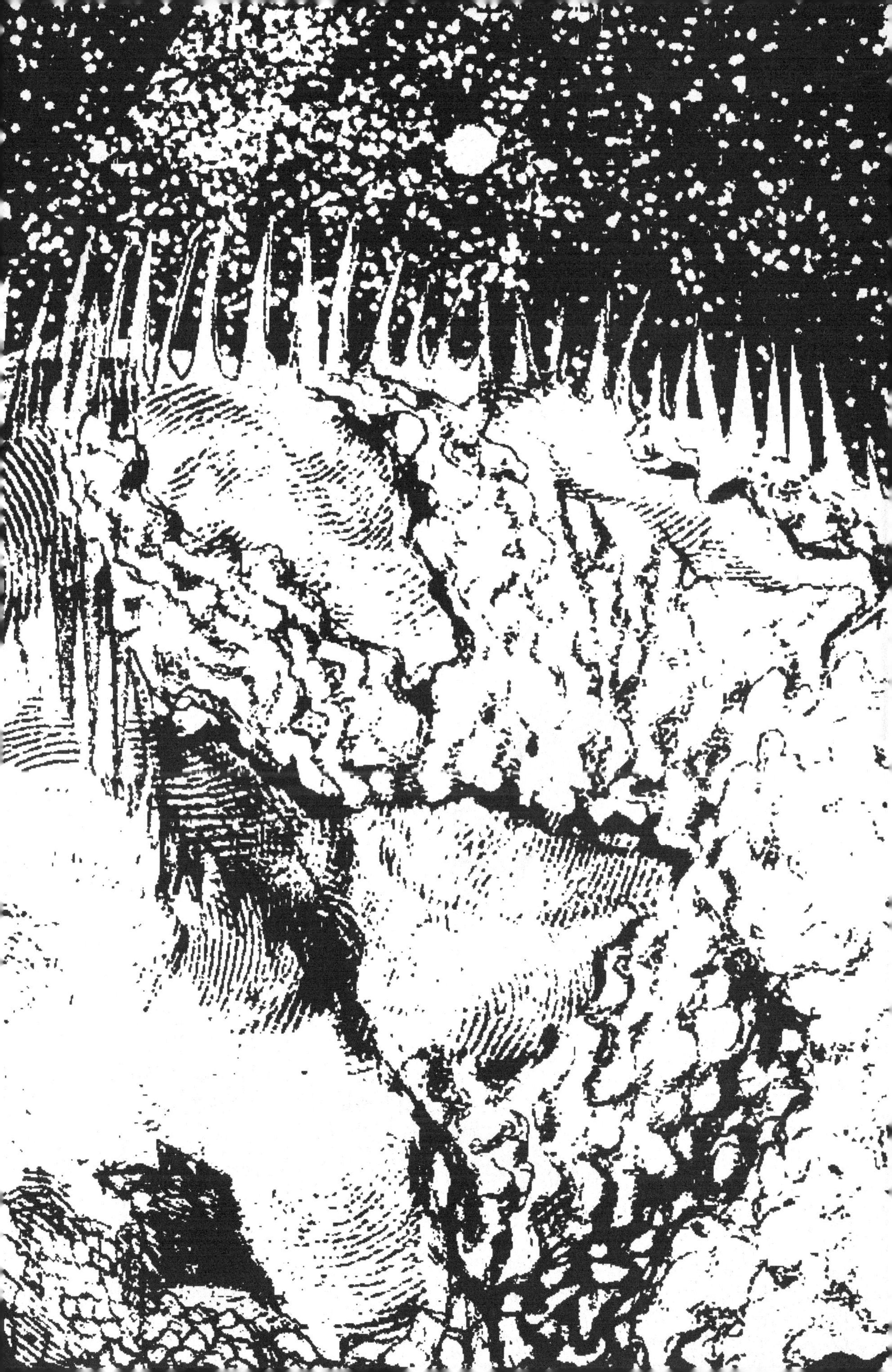

STRANGE ATTRACTION

by
LOUISE HERVÉ & CHLOÉ MAILLET

with
CÉLINE MINARD
EMMANUELLE PIREYRE
STÉPHANE BÉRARD

covers illustrated by
ÉLODIE BOUÉDEC
DOMINIQUE BERTAIL

published by
FRAC CHAMPAGNE-ARDENNE
CENTRE D'ART CONTEMPORAIN —
LA SYNAGOGUE DE DELME
KUNSTVEREIN BRAUNSCHWEIG E.V.
CENTRE D'ART CONTEMPORAIN D'IVRY —
LE CRÉDAC
MARCELLE ALIX, PARIS
FONDATION D'ENTREPRISE RICARD
I. I. I. I.

distributed by
JRP|RINGIER

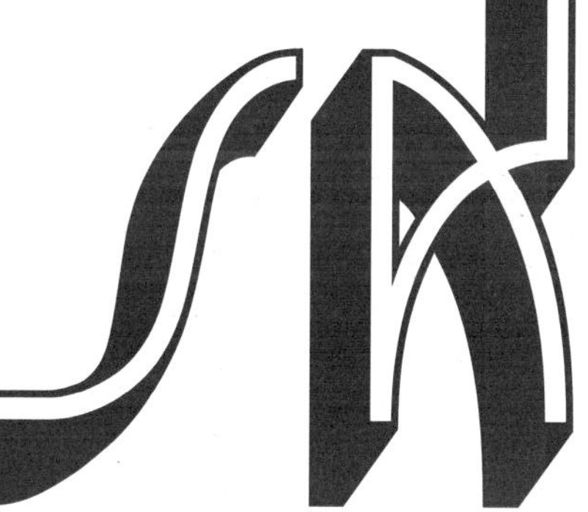

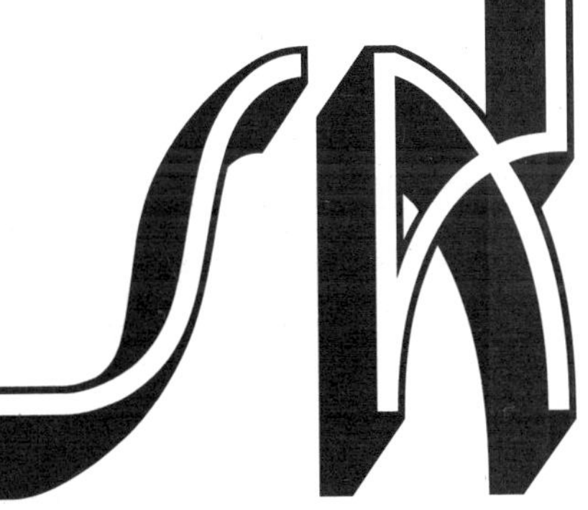

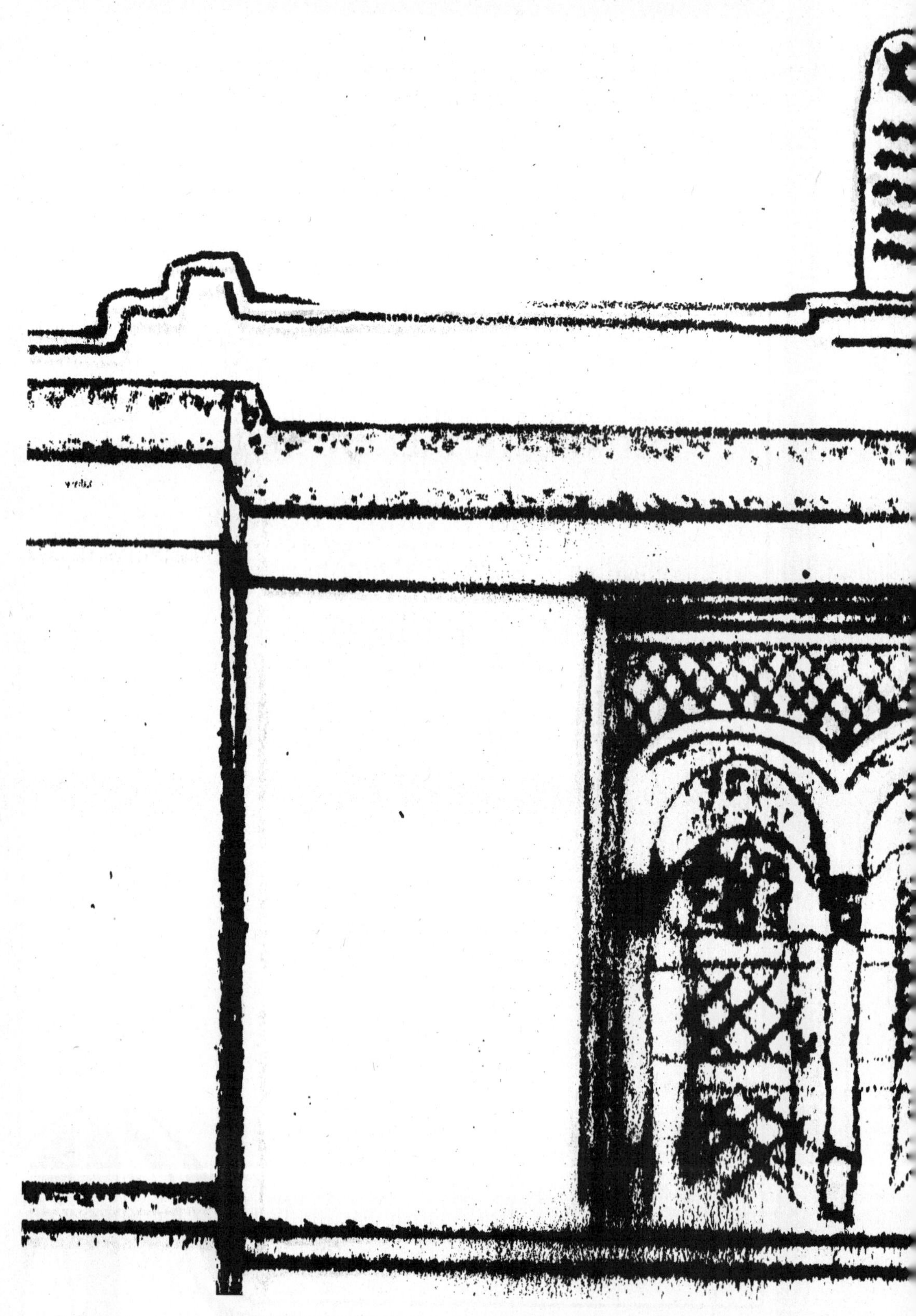

The centre d'art contemporain—la synagogue de Delme
during the exhibition *Strange Attraction*, 2012

STRANGE ATTRACTION

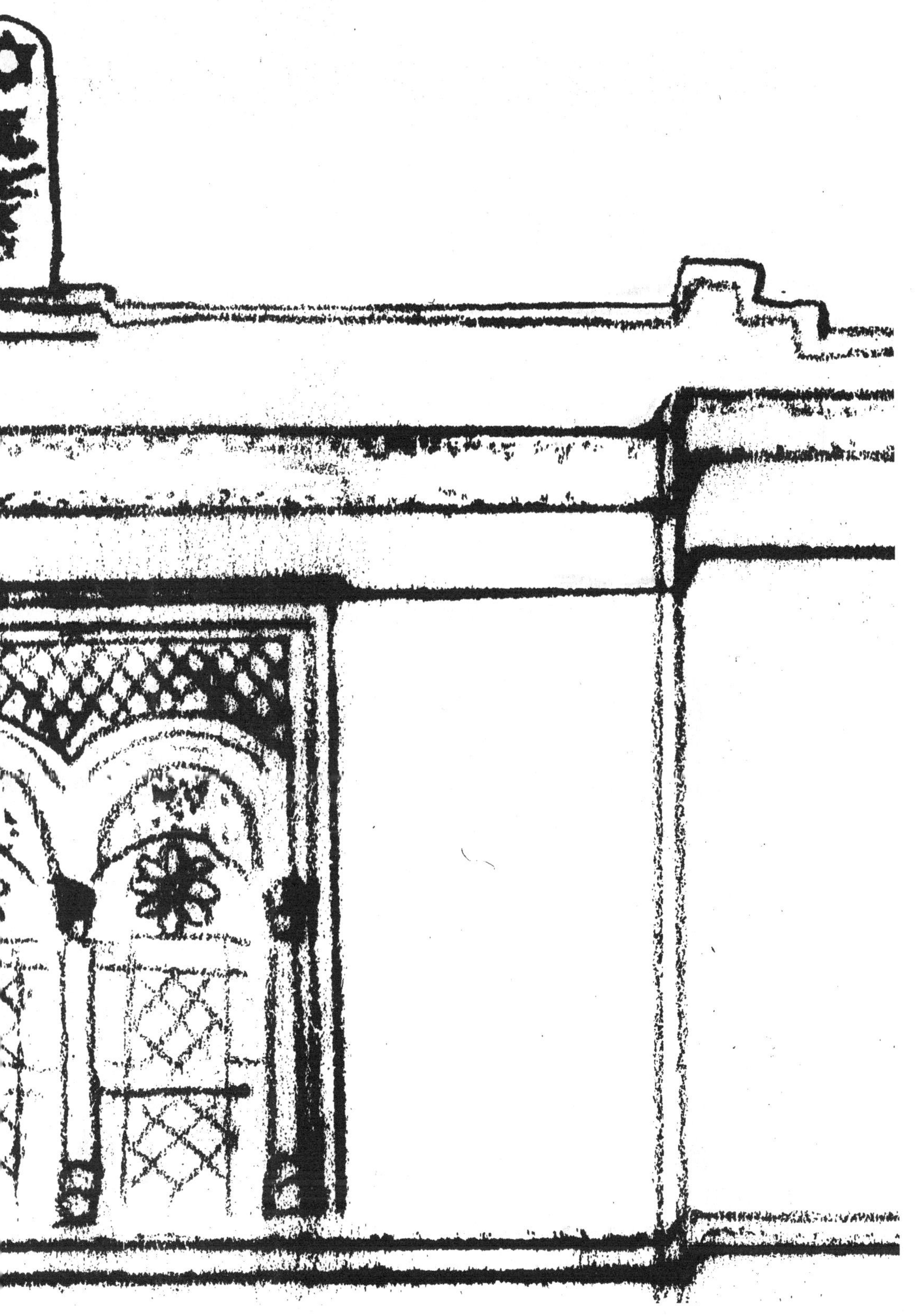

by
CÉLINE MINARD

I.1

As viewers may find some of these images disturbing, we would like to state that the hyper-violent scene, typical of the time (a creature hacks at a man's head using a rusty and poorly sharpened sword, cutting into it from the left eye down to the right cheekbone at a 45° angle, then waits for the body to collapse before falling to its knees to set about striking the upper part of the skull, detached from the jaw using the weapon's handle, thus allowing a few gelatinous pieces of brain to gush out from the bloody and fragile aggregate), has not been shown here without reason. As Mesmer used to say: "all reconstructions are reconstructions of a crime, and all restorations are an attempt to cancel the crime." And indeed, the skin paste used to reattach the dead man's frontal bone will not bring him back to life, but the reattachment procedure does at least restore his former shape and enables us to salvage most of the volume occupied by his skull.

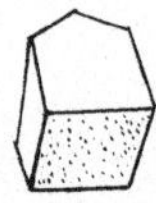

I.2.1

This old map of the Seille precisely represents the point at which the river bends at the Haut du Mont knoll and effectively situates the action (alluvial plain, elevation of 216 meters).

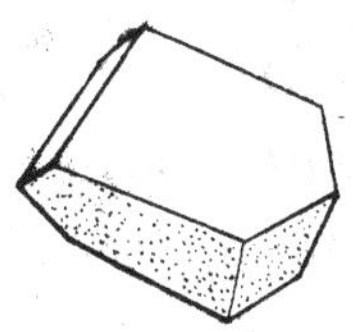

I.2.2

The salt lamp, imported from Egypt during the first millennium, was essentially used for illuminating tombs and for visual communication between the two surfaces of the world. Although we witness evidence of an unorthodox use here, visitors may consult our alphabet of ritual gestures in annex IV in the basement area of the exhibition. (On the last step going down, please watch out for the top of the door frame. It is slightly low.)

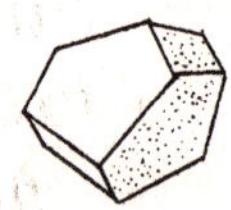

I.5

The atomic emission detector the department had just brought in to work on the phantom structure of the liquid crystals is missing here. It appears to have been stolen on the opening night around 7:52 p.m. If anyone comes across a sharp-edged chrome polyhedron with three ray vents anywhere, please contact the Delmite service immediately on 3-18.cr. NB: The dimensions of the polyhedron in question can vary from very small to very large and therefore cannot be used as a basis for identifying the object. Chrome, ridges, vents: just keep to that.

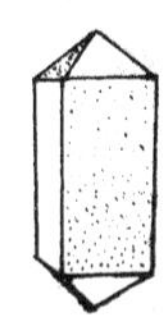

I.6

The pots and belt buckles were always scrubbed down with Neurasthenin (Pastoin formula patented in 04) during the two weeks preceding the rainy season. (See II.5 for details on the general context.) Occasionally they would throw a few amulets in too, while they were at it.

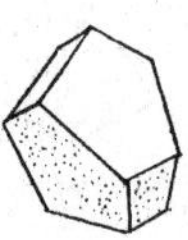

I.8

Anyone fishing for trouble, angling to get slippered, was generally rewarded with a nice little injection. Here, the camouflage flask features the Jeulin company label— official suppliers to the government. The slipper is a good size.

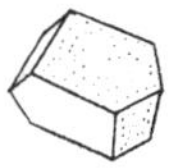

II.1

According to his swaddling brother, the young Trajinian was not a pimp but an excellent herdsman. The fact that he carried diminutive knives about in his boots can be explained by his relatively nomadic way of life, where clutter is a problem one tries to keep to a minimum. Yet, other witnesses state under the seal of secrecy that he did associate with the little people. With fluorescent eyes.

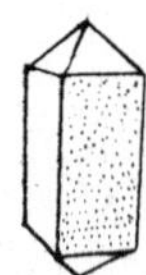

II.2

The left-handed dagger was the most commonly employed ruse to mask a crime committed by a right-handed person. To such an extent that investigators frequently resorted to paradoxical probability calculations to elucidate the question.

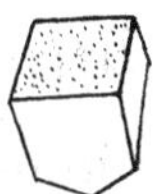

II.2.1

Note the surprising amount of lung-power exercised by the terrified victim at the altar. The hair pins collected show a torsion index rarely achieved in such circumstances. And for such a small lung, to boot.

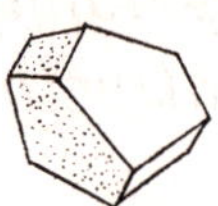

II.3

*It is true that extracting the udders and the genital appa-
ratus was not an entirely smooth process. Apparently
it was still moving and its blood only started to congeal
as a final resort. According to the polyhedron analyses
we were able to perform prior to the opening, the fixion
seems relatively unstable.*

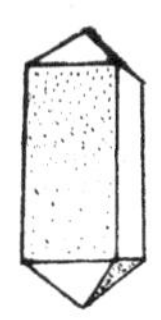

II.5

Meteors can seep through the thatched roofs in the wet season, which is at once an inconvenience and an opportunity to put one's finest crockery on show. Big celebrations are organised at the beginning and end of the season, referred to, by extension, as the pot season, and certain sections of the population like to wearing masks, parading, setting haystacks on fire and sipping orangeade while lying in the hills gazing down at the fields ablaze.

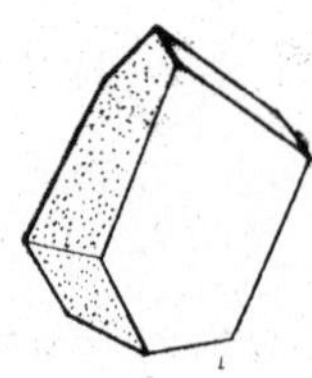

II.6

Contrary to legend, it seems the Villa-aux-édredons's compendium was raised up during a dowsing session. No-one was looking for petrol, nor for a way of increasing their collection of pinheads. As proven by the drill string recovered beforehand and presented as it was. Far too short to reach an oil pocket, Mister Mayor! Put an end to these rumors.

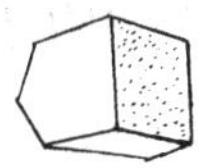

II.7

*It would be pointless trying to conceal the stolen poly-
hedron in a cellar, for instance, for, just like its object
of study, it tends to spontaneously reappear in the most
unexpected recipients. Lacquer boxes. Chinese mules.
Wax blocks. Embossed leather Gentile chain bracelet
cases. Rotting pails. And even pipe rings.*

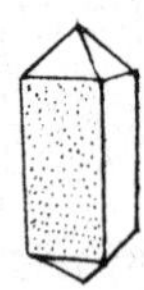

II.8

Iguana hunting with birds' nests, less popular among the elite due to the muck it produces (straw, urine, card), was gratified by a simple vaporisation or atomisation. Of a respectable standard however, for it seems it was precisely on one of these occasions that the young Trajinian had his first feather journey spell (from which he brought back, among other things, his mini sarcophaguses).

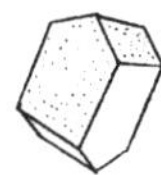

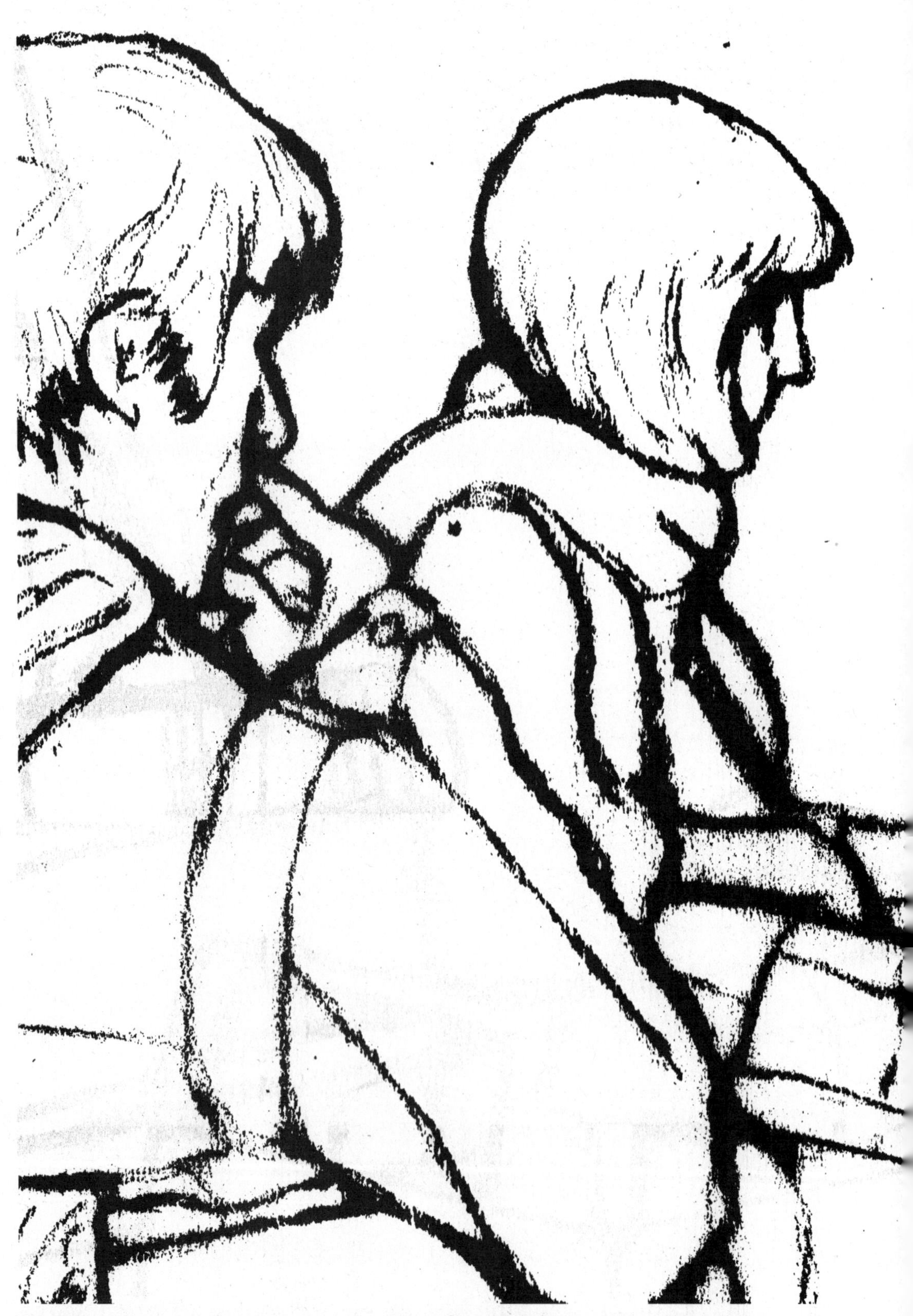

L. Hervé and S. Bérard in the Schlossberg during the exhibition *Der Dritte Ort, The Third Place*, Grazer Kunstverein, 2009

STRANGE ATTRACTION

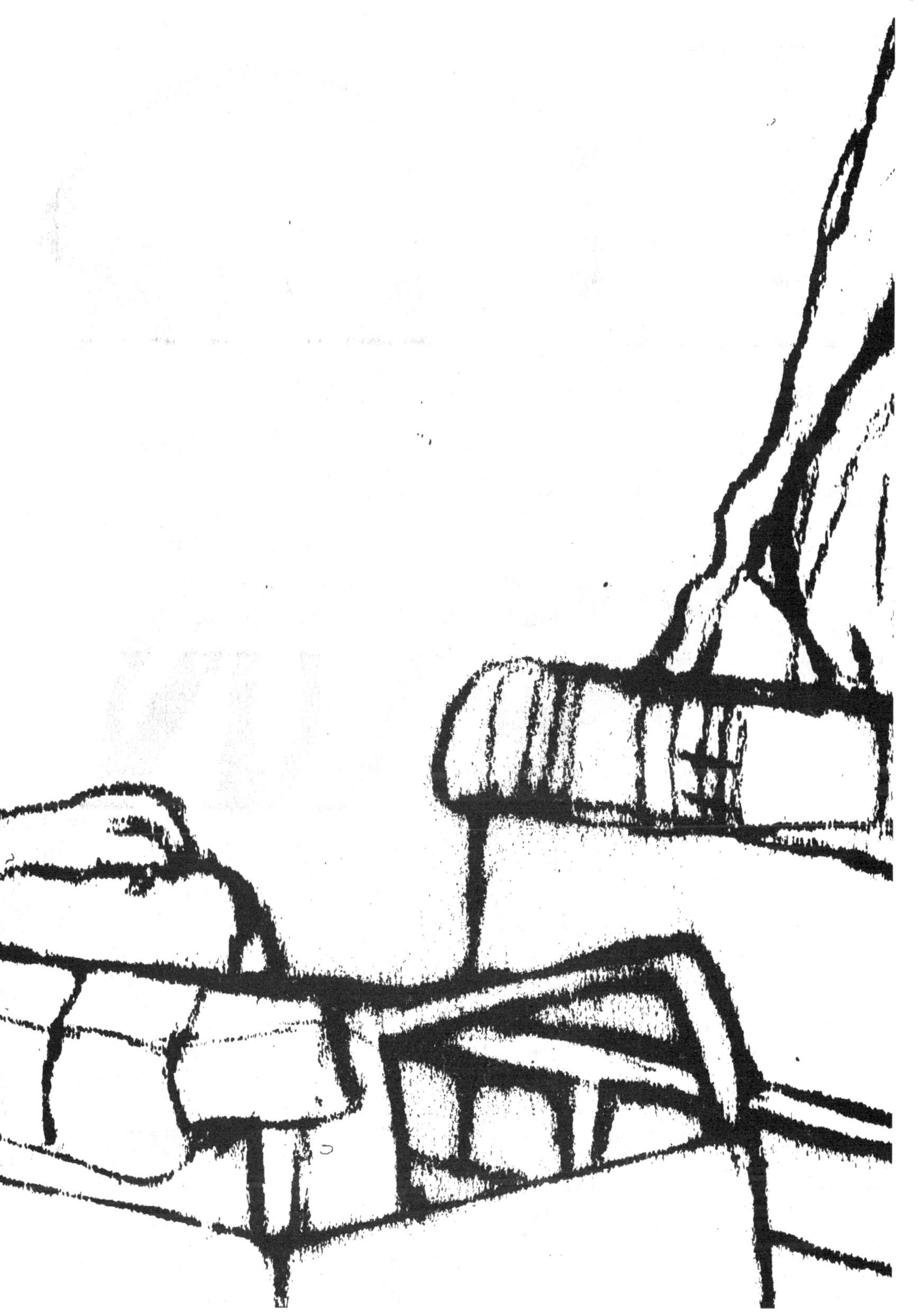

by

LOUISE HERVÉ & CHLOÉ MAILLET

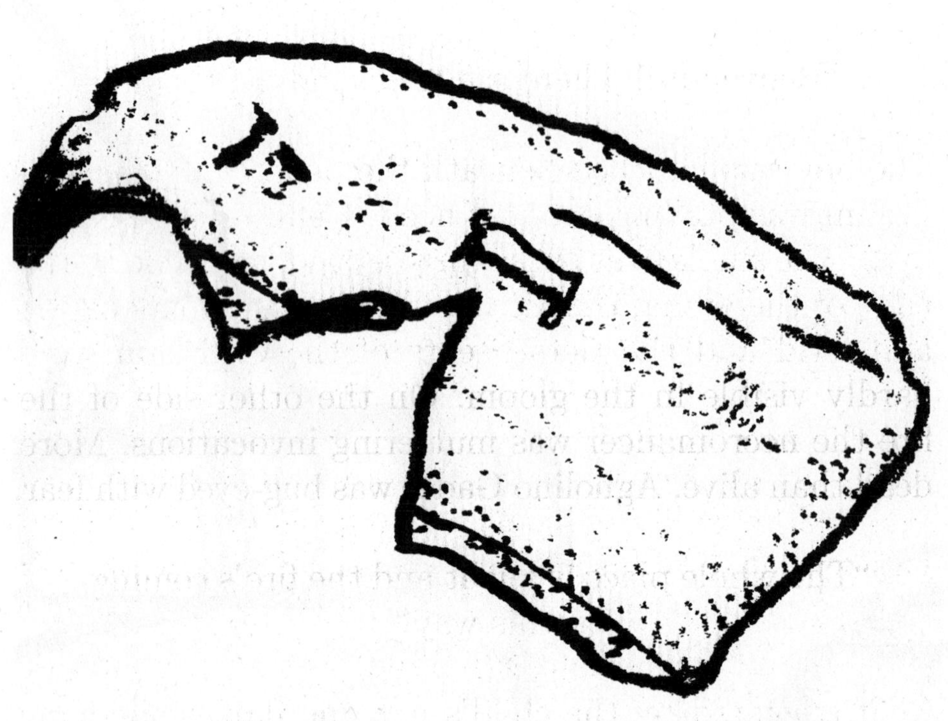

Cranium with impact, Delme area, collection
Ad duodecimum

Serial published in Le Républicain Lorrain *local edition,
from February 23 to April 26, 2012.*

★

episode 1
THE SALT DAGGER

★

"Benvenuto! There are thousands of them!"

The boy was hunched beneath the pentacle Benvenuto Cellini was holding over his head. Cellini narrowed his eyes. The smoke was spreading beyond the circle to the edge of the arena; the air was thick with odours exotic and fetid and the tiered seats of the Coliseum were hardly visible in the gloom. On the other side of the fire the necromancer was muttering invocations. More dead than alive, Agnolino Gaddi was bug-eyed with fear.

"The whole place is alight and the fire's coming
this way!"

As if triggered by the child's cry, the flames suddenly sprang higher, lighting up the hideous faces of an army of demons, ghosts capering around the circle and filling the Coliseum with their silent presence. Even the necromancer was pale with terror: never had he seen such a legion of devils respond to his calls. Only Cellini succeeded in impassively concealing his agitation. Hastily the necromancer threw another kind of spice on the fire, which burned with a sickening stench as he reeled off fresh imprecations. A few of the ghosts took flight, then they began disappearing by the hundreds, engulfed by the underground corridors, the passageways and the collapsing walls. Even so, menacing silhouettes continued to flit among the ruins until matins sounded. The bells drove out the last of the shadows and Cellini slowly left the Coliseum.

*

Annibalino turned towards me dubiously.

"Ghita, my dear, you surely don't intend to tuck your dress into those baggy pants and slide down the mine astride a pine trunk? That would look very silly indeed."

I glanced at the dark tunnel. On the contrary, the idea thrilled me! Eagerly the Bavarian officer set about the preparations, and soon there we were picturesquely straddling the tree trunks. Unenthusiastically Annibal had decided to accompany us. The German was behind me and Arrigo behind him. Precariously balanced, we had slid a quarter of a league through the mine when we popped out into a subterranean hall. It was breathtaking: the hall was lit by a hundred little lamps, but there seemed to be ten thousand of them because of the reflections in the salt crystals covering the walls. While I stood lost in contemplation of the grotto Arrigo, a mocking smile on his lips, came towards me and murmured:

"I think that young officer is starting to crystallize on you."

*

At sunrise Cellini reached the Banchi. A preaching friar was doing his best to stay calm while little orphans laughingly pelted him with apple cores. The surrounding crowd was in a feverish state: the Pope's death had just been announced and things were more perilous than ever in this neighbourhood seething with street vendors, conmen and holdup artists. After his run-ins with Pompeo, Cellini had solemnly undertaken not to show his face in the Banchi again, but there was no resisting the turmoil of the interregnum at first hand. Pompeo had always been his enemy, his rival, the only one who dared challenge his supremacy as a goldsmith; but it was he, Benvenuto Cellini, and not Pompeo de' Capitanis, who had been chosen from among all the jewellers of Rome to make the pectoral for the papal cloak—for Pope Clement VII, whose death had plunged Rome into this time of uncertainty. Furious at this defeat, Pompeo had often tried to sabotage Cellini's standing with the Pope, accusing him of countless misdeeds. Cellini had sworn to forget these repeated offences to his honour, but nonetheless always carried a handsomely ornamented dagger on him.

In the past he had handled little Turkish daggers engraved with leaf patterns and finely inlaid with gold, and been spurred to work long hours on new designs. He had carried out many commissions of this kind, much more varied and sophisticated than those Oriental weapons. Ignorant people called his ornamentation "grotesque," because it was reminiscent of what the Moderns had discovered in the grottoes of Rome. The grottoes, in fact, had not been underground in ancient times; ongoing rises in ground level had buried them and made them seem like caves. Some of them were splendid rooms that had been deliberately filled in by the Romans: this was the case of the most marvellous of them all, the *Domus*

Aurea or Golden House, whose labyrinth of rooms spread beneath the Coliseum. This magnificent palace whose interior walls were decorated with painted stucco and splendid frescoes of coloured foliage, animals and terrifying hybrid beings, had belonged to Nero, accused in the annals of Rome of ferociously bloody crimes. For Cellini these ornaments were in no way grotesque; they were simply monsters.
In the midst of the teeming Banchi, Cellini suddenly gave a start: there stood Pompeo in front of him, insulting him so grievously that he could hardly restrain himself. The friends around him urged him to take up the challenge and draw his sword, but Cellini's mind was fixed on his small, ornate dagger and its razor-sharp blade. Unable to hold back any longer, he whipped it from his doublet and struck Pompeo just below the ear......

to be continued

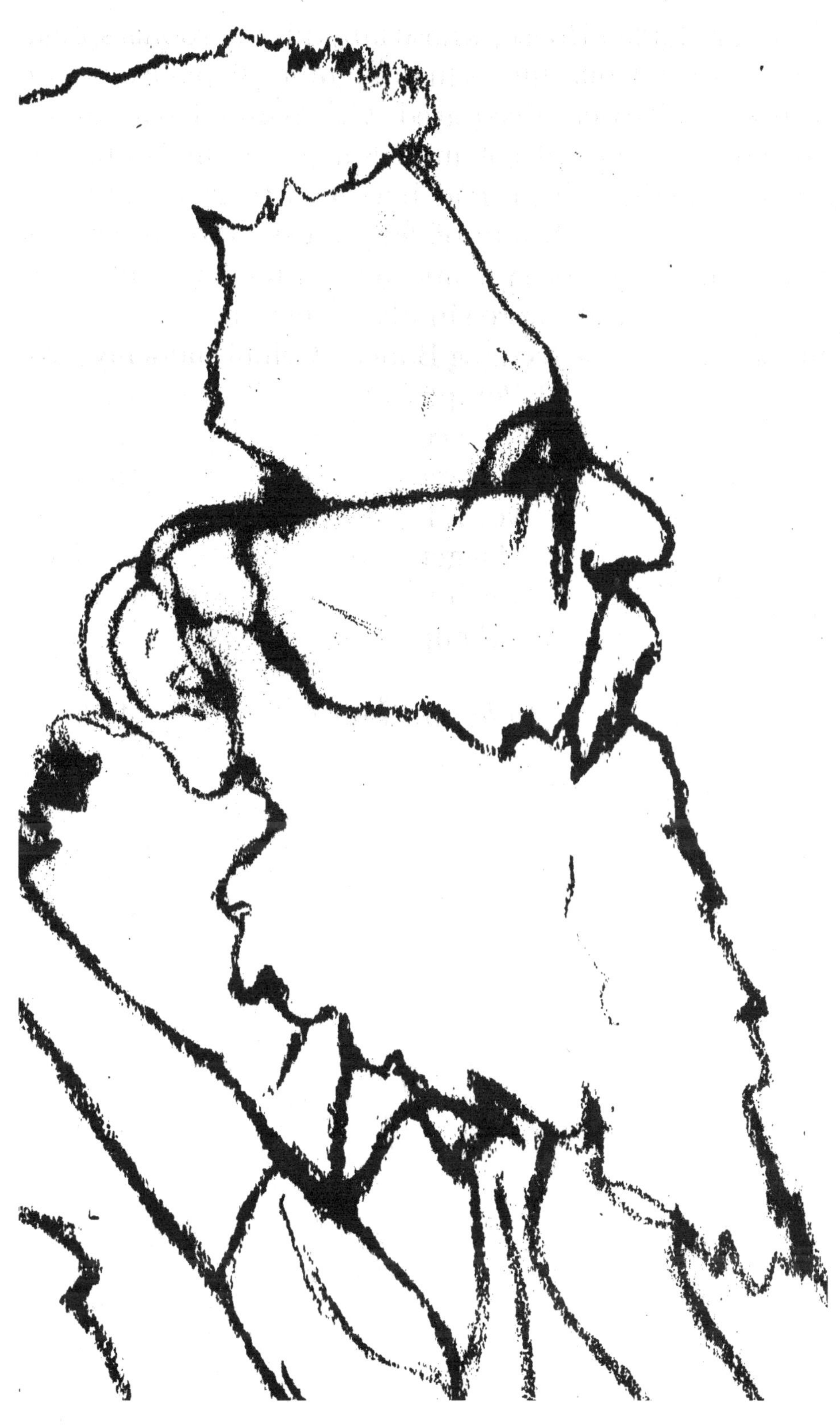

Professor Sonar in Kunstverein Braunschweig during
the exhibition *Pythagoras and the Monsters*, 2012

episode 2
A REASONABLE INTEREST
IN DIORAMAS

the story so far
La Ghita is on a sightseeing tour of a salt mine. In Rome,
Benvenuto Cellini, taking advantage of the public unrest
caused by the death of the Pope, has called up an assem-
bly of demons in the Coliseum, and decided to rid himself
of his rival once and for all......

★

Cellini struck once, then again, and Pompeo fell dead at
his feet. He had not meant to kill him, but as the saying
goes, things sometimes get out of control. With his left
hand he wrenched the dagger out of the wound, with
his right he drew his sword to defend himself against
Pompeo's cronies.
Then a metallic grating sound was heard, and Cellini's
silhouette reverted to the pose it had been in at the
beginning of the scene, with his weapon hidden inside
his doublet. Pompeo got to his feet. The diorama was
over. The coloured lights went out.
The little open carriage we were sitting in began lurch-
ing up the hill again, only to come to a halt several
metres on to subject us to another, similarly ridiculous historical recreation. Régine seemed to be enjoying
herself, looking curiously at the tunnel and twisting on
her wooden seat for a last look at the niche in the rock
where we had seen Cellini commit his heinous crime.
The dioramas were not in very good shape: the models'
clothes were worn and dusty, and remnants of sets were
clumsily hidden behind sheets of dirty plastic, waiting
for some strictly hypothetical restoration. As the train

struggled up the slope, the driver, who also filled in as guide, listlessly unreeled his spiel for the passengers:

"These galleries were dug during the Second World War as a military base and air-raid shelter. The tunnels are over six kilometres long and have a total area of 12,000 square metres. If you take the main corridor, you can travel through the hill from one side to the other, or you can take the Schlossberglift—the elevator, installed in 2000—to the top. The biggest hall, the Dom im Berg, can hold up to a thousand people in the depths of the mountain. It is now a place of worship."

Needless to say our guide had omitted to mention how the underground passages had been created. How only forced labour organized by the Nazis had made the venture possible. Régine seemed to be paying no attention to the guide. Instead, she was itching to get to the next diorama. I would rather have explored the dozens of corridors running off both sides of the main tunnel: they looked so deep and dark that once inside it must be very easy to lose yourself.
The guide yanked on the brake lever and the train stopped with a jerk. In the subterranean silence he wearily announced:

"The cave of Pythagoras!"

★

"Ghita, would you like to exchange with me your small bough?"

I was amused and touched by the young German's gaucheness. I was playing with the pretty twig loosely covered with diamonds that the miners had given me at the end of our expedition. The bough my young officer was offering was even more subtle: the salt had coated it with countless little prisms that gleamed magically in the August light filtering through the green glass windows of the Austrian inn. There was no way of knowing if it was a branch or a consummate piece of jewellery. I exchanged willingly, taking advantage of the situation to invite him to have lunch with me the next day. Without a word he discreetly pressed my bough to his heart, and Annibal, who had had his eye on him since the mine, threw a scornful look at him. Arrigo saved the young man from Annibal's wrath by leading him off into a corner of the big dining room; he was intrigued by unusual encounters and I had the distinct feeling that he had decided to make the fetching Bavarian the subject of a fresh study. They chatted for a long time, sometimes glancing in my direction, and I was trying so hard to eavesdrop that Annibal's irritated voice beside me made me jump:

"My dear, you could at least spare us the company of that drab, glassy-eyed little blond."

★

The grotto where the little train stopped was divided in two by a purple curtain. To the left men and women draped in white *peploi* were looking expectantly towards the hanging that cut them off from the back of the cave. In the shadow on the other side of this impassable cloth barrier stood a majestic, hieratic figure: Pythagoras, lightly clad in a purple *exomis* that left one powerful shoulder bare and suggested a muscular, perfectly symmetrical physique. A ray of light fell exactly on his right thigh, which glowed as if made of pure gold. He was flanked by two initiates, a man and a woman in orant posture. It was for this mathematician, magus and athlete that the word "philosopher" had been forged. Then the divine Pythagoras opened his mouth and a deep voice echoed......

to be continued

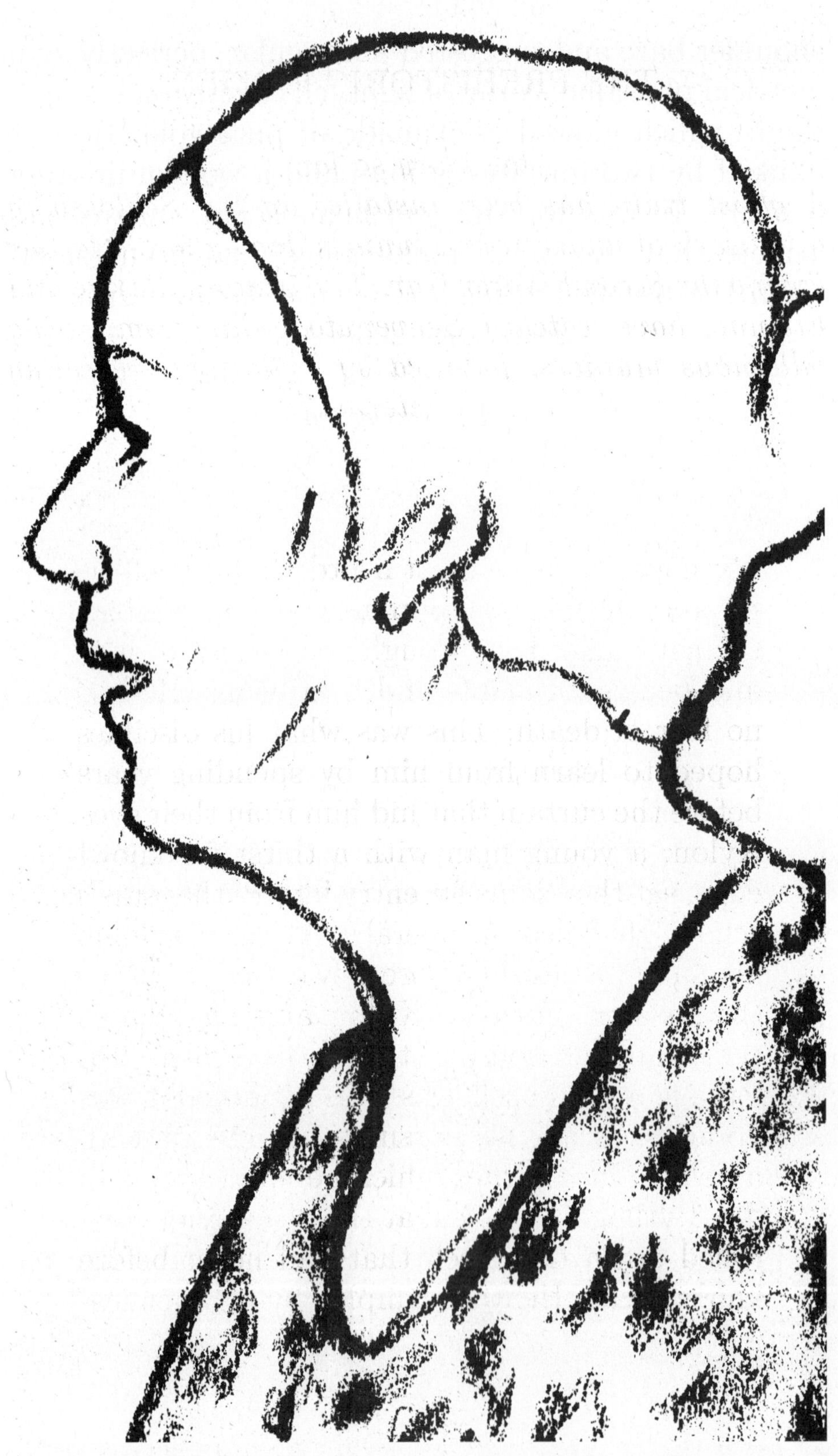

C. Maillet during the performance *Before and After the World (Serial)*, Centre d'Art Contemporain Genève, 2011

episode 3
THE PREHISTORIC WOMEN

the story so far
A ghost train has been installed in the Schlossberg, a network of underground tunnels dug by forced labour during the Second World War. Two visitors, Régine and Étienne, have watched Benvenuto Cellini committing villainous murders, followed by Pythagoras revealing the secret of eternal life......

★

"Pythagoras, as you just heard, had solved the mystery of the cycles of reincarnation, in which the soul migrates through the bodies of men and beasts, of plants and fava beans. He had no fear of death. This was what his disciples hoped to learn from him by spending years before the curtain that hid him from their eyes. Kylon, a young man with a thirst for knowledge, sat the exams for entry into Pythagoras's school. He failed. A funeral stela was erected in his name, as for all those unworthy of joining the master. Furious, Kylon and his friends set fire to the house of the Pythagoreans, but Pythagoras himself was able to flee. He was about to escape his pursuers when he came to a field of fava beans, which he had to cross or die; Pythagoras looked at the beans and a tear rolled down the cheek that had never before known tears. He was trampled by his enemies."

Now the driver wiped away a tear. He was becoming sentimental and I could see that Régine, beside me, was growing restless.
The guide went on in an emotional voice:

> "The Pythagoreans' taboo on the fava bean had its origin in their attachment to the female principle. The beans resemble the female genitals, and the Pythagoreans believed that if they were buried for a suitable period—around ninety days—the resemblance would become even more marked. The disciples met by night, because of the Moon; night is the primitive mother, older than day."

I had a feeling our guide would not leave matters there and I feared what was to come. Régine was not going to like it. With the little train at a halt we were at our driver's mercy, and all I wanted was to get to the open air on the other side of the curtain.
He released the brake and we set off again. There was no longer any light in the tunnel, but as we came out of a turn a feeble gleam in the dark indicated another diorama, which turned out to be, I thought, a group of cavemen gathered around a fake wood fire. Wrong! As my eyes got used to the dimness, I saw that there were no men, only women skimpily covered with tattered animal skins and cooking some kind of reptile on a long skewer. Two of them were dancing, the same movements over and over. Obviously, the people who had designed the diorama had tried to illustrate Bachofen's theories on primitive matriarchy, but without much imagination. I noticed that they had even put a prehistoric Venus statuette in a niche in the wall, to suggest that these women worshipped her. Maybe it was this scene that

prompted the guide's obsession with archaic gynocracy, for he was contemplating the prehistoric fantasy with real tenderness.

Régine had got to her feet, left the train and was advancing towards the diorama, her grey hair taking on fawn glints in the firelight. Our driver hadn't noticed, and set the train in motion again.

I called to him that my mother had got off and been left behind. Wild-eyed, he leapt from his seat and rushed towards the diorama, which had already disappeared behind another curve; I saw him run by my open carriage, waving his arms frantically. The train was still moving as I jumped off, but I had misjudged and was thrown to the ground, cracking my skull. When I stood up the guide was well ahead of me; I tried to catch up, but my head was spinning.

From a distance I could see that Régine had already smashed one of the dancing figures and was laying into the other with her feet.

"I'll tear her heart out!,"

screamed the guide.

Régine abandoned the shattered figures and turned towards him slowly, with a cruel smile. Bending, she picked up a stone dagger and came calmly forward. The man froze in his tracks. Régine was very close to him now, and brandishing her weapon, she forced him back towards the prehistoric women's fire. Suddenly she wrenched off the guide's badge, which was hanging around his neck. The man kept retreating until he was stopped by the spike the reptile was roasting on. Régine threw down her dagger.

I was about to spring on her when, without warning, she thrust her belly against his. He collapsed. Régine turned

towards me. Blood was running from the man's mouth.
The skewer had impaled him from behind.
In the distance I could hear the screams of the passengers on the driverless train.
I grabbed Régine's arm and dragged her at a run into a dark gallery......

to be continued

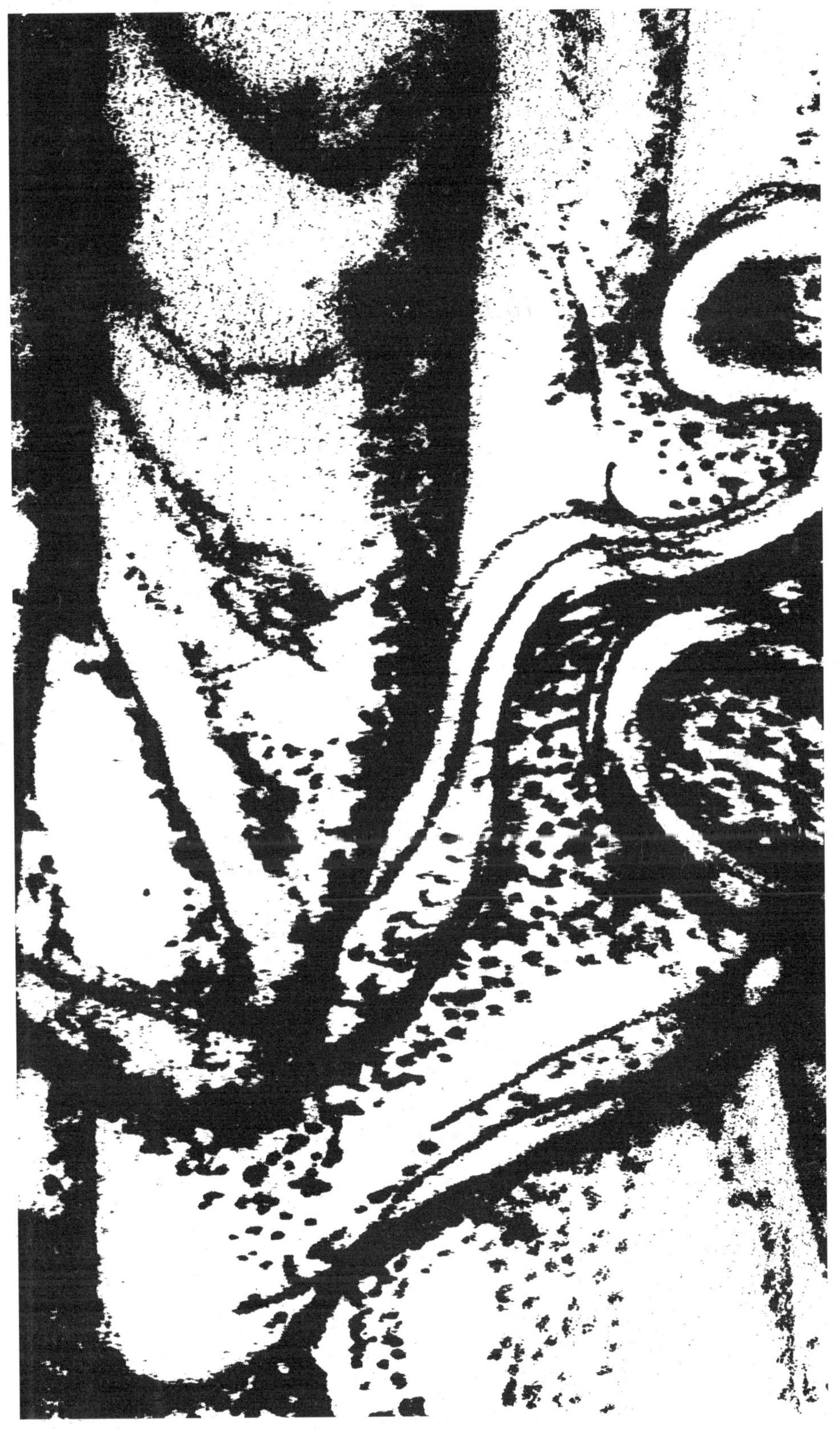

Apostle (XIVth century), collection Musée barrois

episode 4
CASTING OUT TEARS

the story so far
In the Schlossberg network of underground tunnels dug
by forced labour during the Second World War, Régine
and her son Étienne have been looking at diorama
reconstructions of violent historical events. In a fit of
uncontrollable anger triggered by a scene of prehistoric
women dancing, Régine brutally murders their guide.
La Ghita, an Italian noblewoman, is back in Milan after
a tour of the salt mines in Austria......

★

I was back in Sant'Ambreuze and after so long away
from Milan it was a pleasure to walk the streets of my
home city again. What I love most about Milan are the
interior courtyards: there are so many columns, and for
me columns are to architecture what song is to music.
I ran into Arrigo, probably come to admire once more
the handsome facade of the church of Santa Maria
Presso San Celso. As usual he was standing in front
of the church, but that morning his face was covered
with tears. I guessed at some new low act on the part of
the woman he had been yearning after for months and
months, that famous M★★★ whose passionate subtlety,
exquisite beauty and magnificent dark brown hair and
eyebrows he endlessly vaunted to me.

"Arrigo, my friend, cast aside your cares and
come to the opera with me tonight. I've told
you a hundred times, you're wasting your time
with that untameable Amazon. She loves only

her children and her country, and she will never
give in to you."

"Dear Ghita, you cannot imagine the delicious
pleasure of holding in your arms a woman who
has done you a great deal of harm, who has
long been your cruel enemy and is ready to
continue being so."

★

I took a quick look into the main gallery. The tunnel
exit was on the right, and no one seemed be coming
after us from that direction. The glass door of the Dom
im Berg was a few steps away, and if we could make
it inside we could hide among the worshippers. Régine
was out of breath from running and I signalled to her
to follow me.
The monumental crypt was packed, its gigantic vaults
disappearing up into the blackness and the incense
smoke. With Régine behind me I slipped through the
crowd to a bench in a dark corner, hunching over as
discreetly as I could. No one paid the slightest attention to us. Looking up, I saw that the man beside me
was crying. Embarrassed, I looked towards our other
neighbour on the bench, a woman who was sobbing too,
noisily. I'd been so concerned with making a getaway
that I'd paid no heed to the congregation, but now,
looking more closely, I saw that everyone was weeping
profusely.
The sight of this collective tear-shedding left me extremely
ill at ease. And Régine, who had got her breath back,
was looking terrified.
I had trouble making out the priest, or rather the bishop,
a small figure leaning on his crozier at the far end of

the Dom; but I could hear his gentle voice coming to us over the rugged stone vaults. His words flowed like honey; at first I couldn't understand them, but then I let myself go with the soothing rhythm of their strangely persuasive music.

"Sorrow is not alone in causing tears; joy too may do so, and affection can make us weep, and words can drench the soil with tears. So tears are signs of affection, not an exhortation to sorrow."

I felt a confused empathy with my weeping neighbours as the sermon subtly sapped my resistance. My eyes began to sting and my throat choked up.
I was jolted out of my torpor by an indefinable rumbling. Around me the faithful woke from their tearful trance. The ground was quaking beneath our feet. The bishop stopped abruptly and there were screams of panic everywhere. The mourners fled, jostling each other in a mad rush towards the exit. In what seemed to me a shockingly brief moment, the Dom was deserted.
We were alone in the huge underground room. Régine dragged me into an alcove: there was no way we could take our chances outside after the terrible crime she had committed. Touching my cheek, I found that my face was wet—but with sweat, not tears. The heat was gradually becoming unbearable. Régine plunged her face into the holy water font, as I slumped against the scorching stone wall. The candles were softening visibly and dropping from their spikes one after another.
Then a dazzling burst of light blew the glass door apart, deafeningly. I must have lost consciousness, as I don't really know what happened just after that.

I was awakened by groans. A man was crawling past me, his body half burnt and his face black......

to be continued

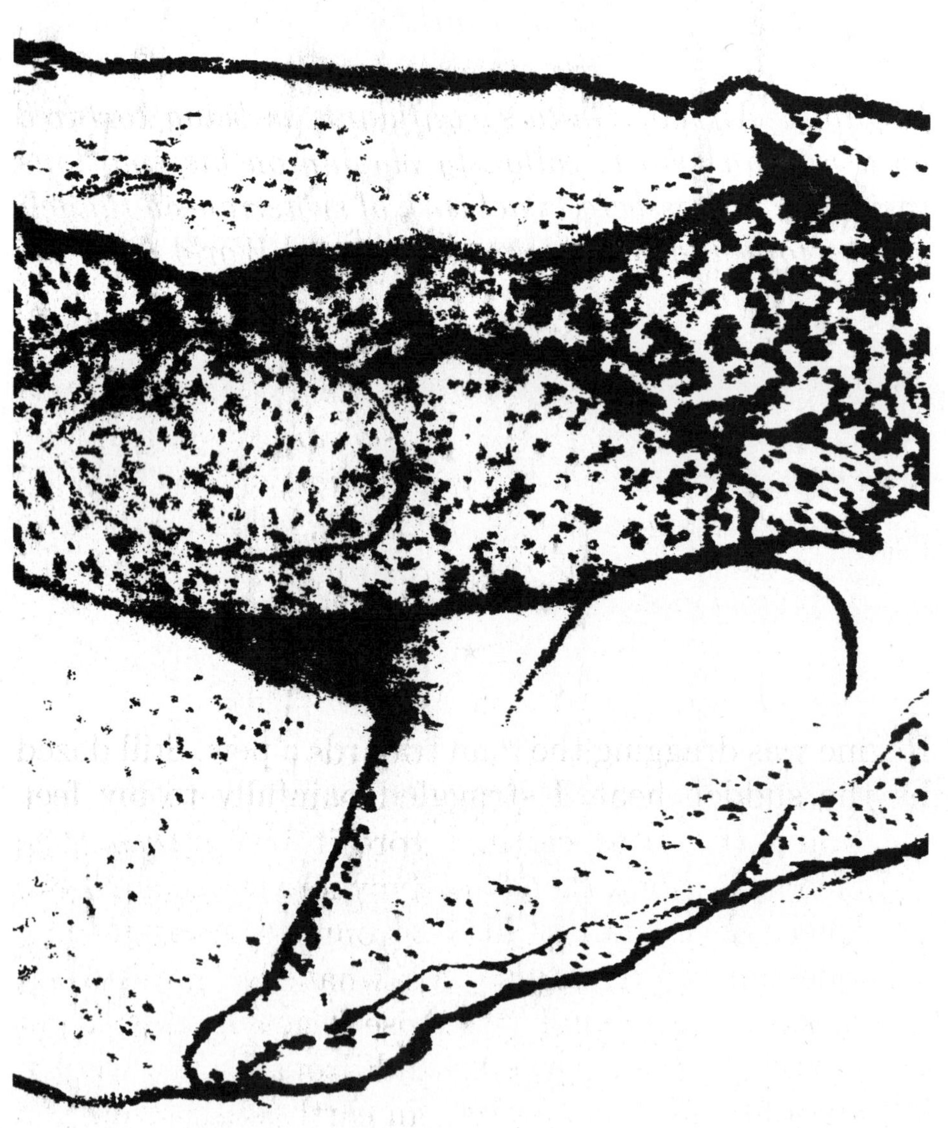

Container, Delme area, collection Ad duodecimum

episode 5
SOME COMMENTS ON THE END
OF THE WORLD

the story so far
In Milan Arrigo, Ghita's confidant, is being tortured by a woman who is callously playing on his emotions. Inside the Schlossberg, a network of subterranean tunnels dug by forced labour during the Second World War, the history dioramas have become scenes of tragedy after Régine's murder of the tour guide. Régine, meanwhile, has taken refuge with her son Étienne in an underground church during a service. The sermon is inexplicably interrupted and the entire congregation is fleeing, except for Régine, Étienne and an unknown, charred man who is crawling towards them......

★

Régine was dragging the man towards a pew. Still dazed by the sudden heat, I struggled painfully to my feet. Grabbing the altar cloth, I tore it into strips, that I soaked in the font, then wiped my forehead and placed a piece of wet fabric on the wounded man's face. The question that remained was, what had happened up on the surface? It didn't seem wise to go outside straight away: true, the temperature had dropped, but what if it were a bomb? a meteorite? an earthquake? a nuclear accident? a tsunami? a tornado? an invasion from outer space? a sudden epidemic? I tried to explain to Régine that it would be prudent to wait a little longer, but she wouldn't listen. She headed for the shattered door of the underground church and finally vanished from sight, leaving me alone with the survivor. All was silent.

I decided to explore the church and the sacristy, where
I came on some left-over altar wine and communion
wafers. I took them back to the injured man and set
about moistening his lips with a little wine. His face
was covered with a thick layer of grey ash, giving him a
mummified look. His breathing was irregular and I was
afraid that each breath might be his last.

*

That evening I had finally persuaded Arrigo to come
to my box at La Scala, where a small group of friends
joined us. I felt in good form and inclined to bait
Annibalino, who had been throwing me dark looks since
the beginning of the performance. The little Bavarian
officer was still on his mind.

"I believe a man is beginning to love when
I see him looking sad. For you, coarse males
that you are, there are only two levels of love:
you're in love or you're not. It's like thinking
you're in Rome when in fact you're in Bologna.
The two cities are very far apart and you're not
at the same distance when you're at the gates
of Bologna, or a quarter or three quarters of
the journey away."

Arrigo seized on the idea.

"What a perfect comparison! Apparently
Bologna stands for indifference and Rome for
complete and utter love. And between the two
points are stages that I could draw like this."

He drew something on the back of a playing card.

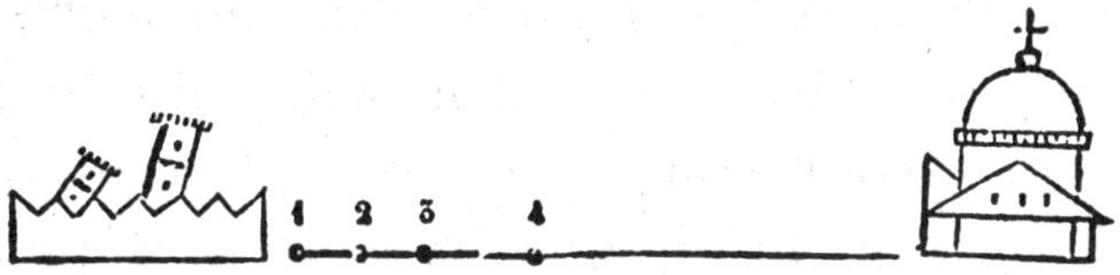

I followed up enthusiastically.

"At the gates of Bologna is the first stopping
place: admiration. A little later comes the
pleasure of gaining the other's love, such a
sweet moment. The third stage is hope, a more
difficult feeling since you're beginning to fear
you're no longer loved. And then comes the
delight of overrating the virtues of the beloved.
That is called *crystallisation.*"

Hearing this dreaded word, Annibal got suddenly to his
feet and left the box, slamming the door behind him.
I threw a mischievous glance at Arrigo. We had no need
to spell things out to each other.

"Carthage took flight midway between Bologna
and Rome!"

★

The injured man suddenly opened his eyes and tried to
mutter a few words with his dry lips as I gently raised
his head:

"I was under the stars. Gentile's my name......
a kind of block out of the sky...... a weight......
fell near me. Heavy, it was very heavy. I tried
to move it, get my arms around it, but it was
too heavy. There were people all around me,

men, women, children. They were all staring at
the block, fascinated. They kissed it as if they
were kissing the feet of a loved one. And I took
it in my arms too, hugging it the way you hug
a wife......"

I couldn't understand a word of what he was saying.
His Italian accent made me think he might be jumbling
his words, which would partially explain his ramblings.
I was so intent on his mutterings that I hadn't seen the
figure come silently up beside me: Régine had returned,
her face and hair covered with ashes. Her voice was
solemn, wise and knowing:

"Gentile, that kind of block from the sky, which
fell heavily just near you, which you tried to lift,
and tried to move, means that you are going
to find a powerful companion, solid as a rock
fallen from the sky; and taking it in your arms
and hugging it as if it were a wife, means that
companion will never abandon you......"

to be continued

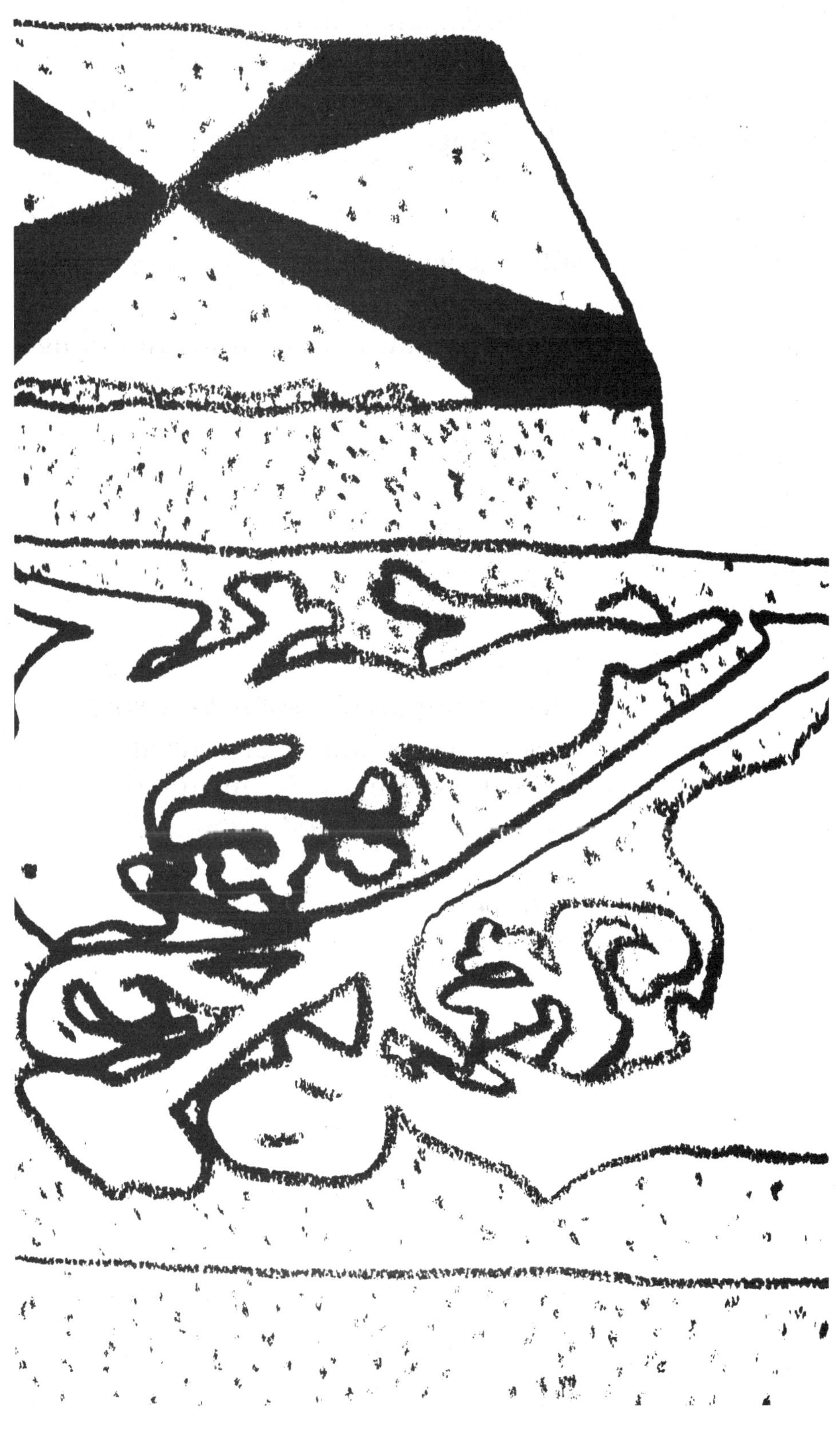

Tiles (XIVth–XVIth century), collection Musée barrois

episode 6
THE WALLS OF THE CITADEL

the story so far
In Milan, La Ghita and Arrigo are spinning out theo-
ries about love as both grapple with emotional intrigues.
Régine, after committing a brutal murder, has taken
refuge with her son Étienne in an underground church.
On the surface an unexplained disaster has taken place
with an unknown man called Gentile seemingly the
only survivor. Perhaps the outside world has become
uninhabitable......

★

Gentile's injuries were not as serious as they looked, and
after a few hours' rest, when Régine said it was time to
go, the Italian obeyed. We plunged into the subterranean
maze of Schlossberg with our supply of candles, altar
wine and communion wafers. I don't know why we set
off aimlessly like that; if the surface was contaminated
what hope could there be of surviving here alone in
these inhospitable caverns? I didn't dare ask Régine
and Gentile what they had seen up there. Gloomy and
silent, they walked on through the narrow tunnels lit
by the flickering candles. We were like a funeral procession, I suddenly realised, mourning for a lost humanity.
Coming out of a turn, I felt we had emerged from the
tunnel into a bigger room: the glimmer of the candles
was no longer thrown back from the walls. But there
was another, very faint source of light well ahead of
us and Gentile went to see: an abandoned flashlight.
I shouted, hoping there was someone nearby, but there
was no reply.

Gentile swept the room with the beam of the flashlight. Broken glass crunched under our feet and around us were heaps of empty bottles, old newspapers, books, open food cans, all mixed in with some kind of fibrous material, maybe sheets of insulation that had been torn apart by vandals or an explosion. Gentile was inspecting a big, shattered machine that looked like a control panel.

"A pirate radio station. The wires must lead to an antenna that could broadcast to the outside."

He thought he might be able to fix it; that way we would have a chance of communicating with the exterior. As he untangled the wires he really seemed to know what he was doing, sorting the parts as he went with all the assurance of an expert. I couldn't be much help and I moved away a little, holding up my candle and worried because I couldn't hear Régine. She had vanished.

★

My thoughts were entirely taken up by my handsome French prince. Annibalino, as usual, had been thoroughly objectionable last night at the opera, but throughout the evening I only had eyes for the attractive uniformed foreigner in the next box. He had noticed me, too, and the note he discreetly sent me left no doubt as to his *crystallisation*. When my cherished confidant Arrigo was announced, I was in such a hurry to share my happiness that I rushed to meet him.
But then, seeing the despair that clouded his face, I realised that in fact he had come to pour out his heart.

"Ah, Madame, how the time seems to weigh on me since M*** left! And only five and a half hours ago. What am I to do during these forty deathly days? When I saw her yesterday I had the feeling she saw my arrival at her home as a calamity. Why did I not have things out with her once and for all before she left? Then I would have known where I stand."

"My dear Arrigo, I fear I may cause you pain, but that woman does not love you."

"If only I could be with her, she would doubtless stop being so cold to me. Nature is spontaneously given to loving, whereas society is hostile to it. Prudish women are Amazons, prisoners of their pride and the image they seek to convey. M*** loves me passionately, but refuses to show it!"

★

Finally I spotted Régine's hunched silhouette. She was reading by candlelight and the book in her hand was tattered and twisted, with its pages stuck together. On the cover I saw a horsewoman dressed as if for a formal parade, and the title printed in white on a green ground: *Le Haut Cœur de Catherine de Médicis*. How could a book like this have been left behind in a radio studio? I shuddered. Behind me, Gentile was paying no attention; he was too busy with his wires and had no idea of what was about to happen. Régine was weeping copiously, wetting the pages with her tears.

"I have seen a ray of light. I among all women have been granted the privilege of building the new city. I shall draw the living water from Reason, Righteousness and Justice as if from a crystal spring, and I shall take materials more solid and hard than uncemented marble, and thus my city will be wonderfully beautiful and will last forever. It will be a stronghold, a fortress where ladies and other deserving women may resist their many aggressors."

Régine spoke softly, but seemed utterly determined. I realised that at this very moment she was the incarnation of Justice, and there was no way I could oppose her. Authoritatively she marched towards Gentile, who had his back to her as he bent over the console trying out connections. Régine looked at both of us. Her gold-tinged eyes were hypnotic.

"I shall never yield, for I have neither friends nor enemies. Pity cannot vanquish me, nor cruelty deter me."

The two of us were doomed......

to be continued

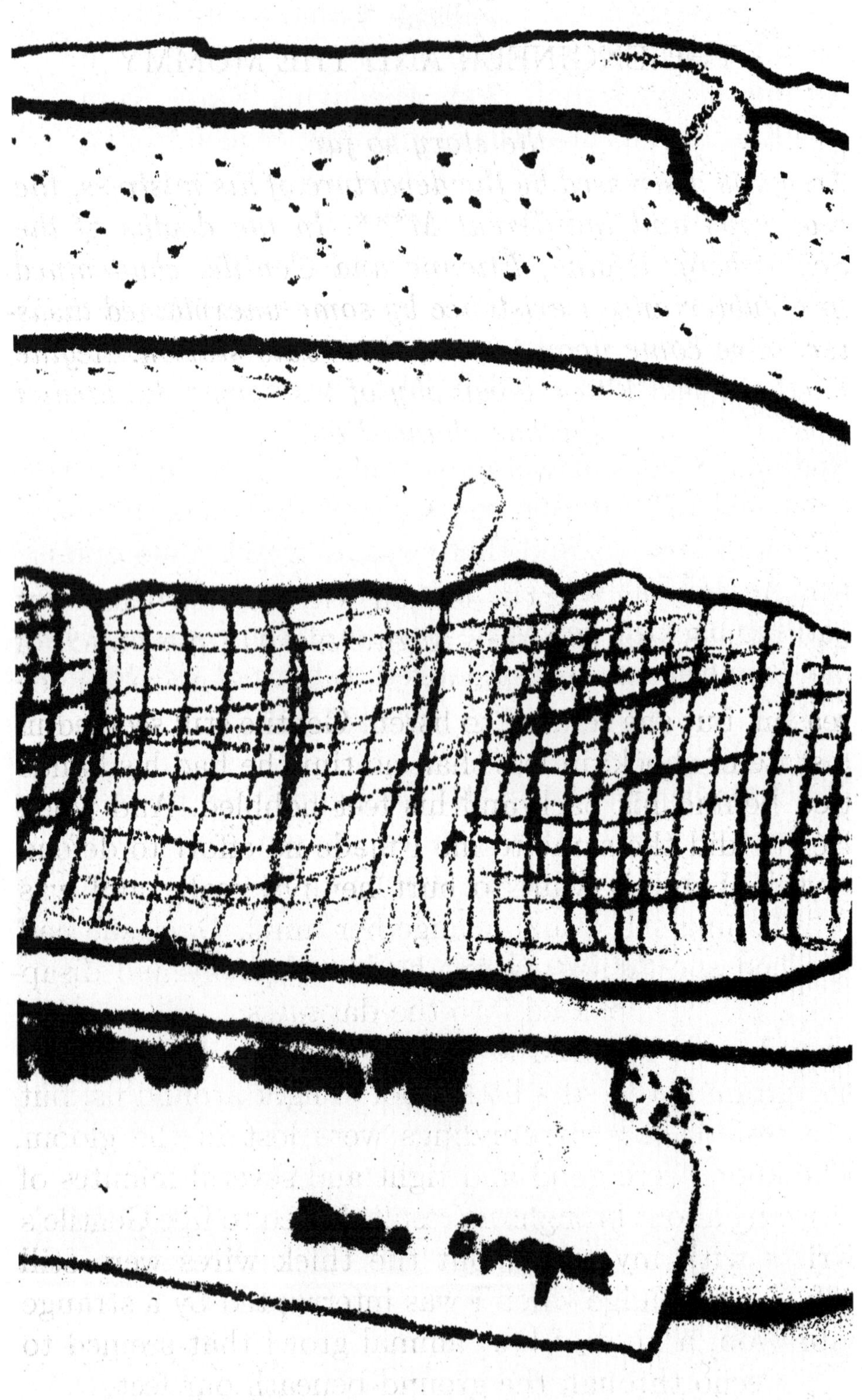

Young crocodile mummy in a cardboard box with a
glass lid, Late Period (VIIIth–IIIrd century BC), collection Musée barrois

episode 7
THE ENGINEER AND THE MUMMY

the story so far
*Arrigo is distressed by the departure of his mistress, the beauteous and indifferent M***. In the depths of the Schlossberg, Régine, Étienne and Gentile, condemned to a subterranean existence by some unexplained disaster, have come upon a ransacked radio station. Régine reacts violently to a biography of Catherine de' Medici she has chanced on......*

★

Finally Gentile turned. Frozen with fear, I dared not make the slightest move. Régine picked up a bunch of wires and set about tying us up. I tried to make her see reason, but she refused to listen. Gentile still seemed in a state of shock: in less than no time he had his hands tied behind his back and his feet hobbled. And when Régine did the same to me I made no effort to defend myself. I didn't want to hurt her physically and was still hoping she would change her mind. Once she had finished she turned on her heel implacably and disappeared into the darkness.

Gentile and I looked at each other. The flashlight on the ground created a little pool of light around us, but the rest of our surroundings were lost in the gloom. The knots were good and tight and several minutes of writhing about brought no result. I tried to free Gentile's wrists with my teeth, but the thick wires were still refusing to budge when I was interrupted by a strange vibration, a kind of low, animal growl that seemed to echo through the ground beneath our feet.

★

I had been confined to bed for a few days with a light
fever and was waiting for my morning herbal tea, which
was finally brought to me with the day's mail. Among
the invitations and courtesy letters I recognised Arrigo's
handwriting: having had no news of him for over two
weeks, and astonished to see that his letter had not
been posted from Milan, I was worried that in spite of
my advice he might have rushed off in pursuit of the
icy M★★★.

"My sweet friend,
Love has always been the most important—or
rather the sole—concern in my life. I know
myself: my love for M★★★ is lifelong and nothing
she does will make any difference to the idea
that has seized my soul. I would give all I have
for a quarter of an hour spent chatting of trifles
with her; but I fear I have already expended that
quarter-hour, for that is the time she granted
me when I went to see her in Volterra. Yes, as
you have guessed, I followed her and for a week,
disguised like a conspirator, I spied on all her
comings and goings, seeking the right moment
to approach her. Finally I greeted her, as if we
had met by chance in the street. Exceeding my
wildest dreams, she received me kindly, and
I was mad with delight—my plan was working!
When I accosted her again the next day, she
immediately advised me to leave for Florence,
saying she would join me there after saying
goodbye to her hosts.
And so I have been waiting for a week in Florence.
M★★★ has not come and is not answering my

letters. I only wish, since I have displeased her,
that I had never gone to Volterra."

★

I could see nothing in the darkness, but I heard something approaching, something not human. I also heard
a faint squealing sound that seemed to be coming from
very close by, as I went on struggling to get free of my
obstinate bonds.
A greenish shape appeared in the halo of the flashlight,
together with a golden eye that transfixed me: a crocodile advancing slowly with its jaws open wide. I froze,
terrified. Suddenly the crocodile rushed towards us and
seemed to seize a small, squealing creature between its
teeth. It was going to devour its prey and then, probably, do the same to us.
To my great surprise Gentile, while I was shaking all
over, uttered a sigh of relief:

"It's a mother crocodile. She's heard the squeals
of her babies, who have just hatched, and now
she's taking them to the water."

And just as he had predicted, the crocodile turned and
disappeared from sight.

"Maybe we're in a crocodile labyrinth. I once
saw one in Crocodilopolis, in Egypt. An underground temple, three thousand rooms filled
with crocodile mummies. Including a lot of baby
crocodiles, which the ancient Egyptians were
particularly fond of mummifying. The place
really interested us, so we did some research
with a group of engineers of the Saint Simonian

persuasion; the idea was to dismantle the main
ancient sites—the Sphinx and the Pyramids—
and reuse the materials for building modern
industrial complexes. In the words of Prosper
Enfantin, associate of Saint-Simon and the
father of us all, the future had to be built out
of the past."

I signed to Gentile to stop talking. Tied up the way we
were, our future seemed to me very doubtful and this
was hardly the time to be rambling on about Prosper
Enfantin, with his quest for the Supreme Mother and
universal happiness.
Such were my thoughts when I heard a noise of machin-
ery: our bonds meant we could not move and when the
floor opened up we tumbled into a gaping hole......

to be continued

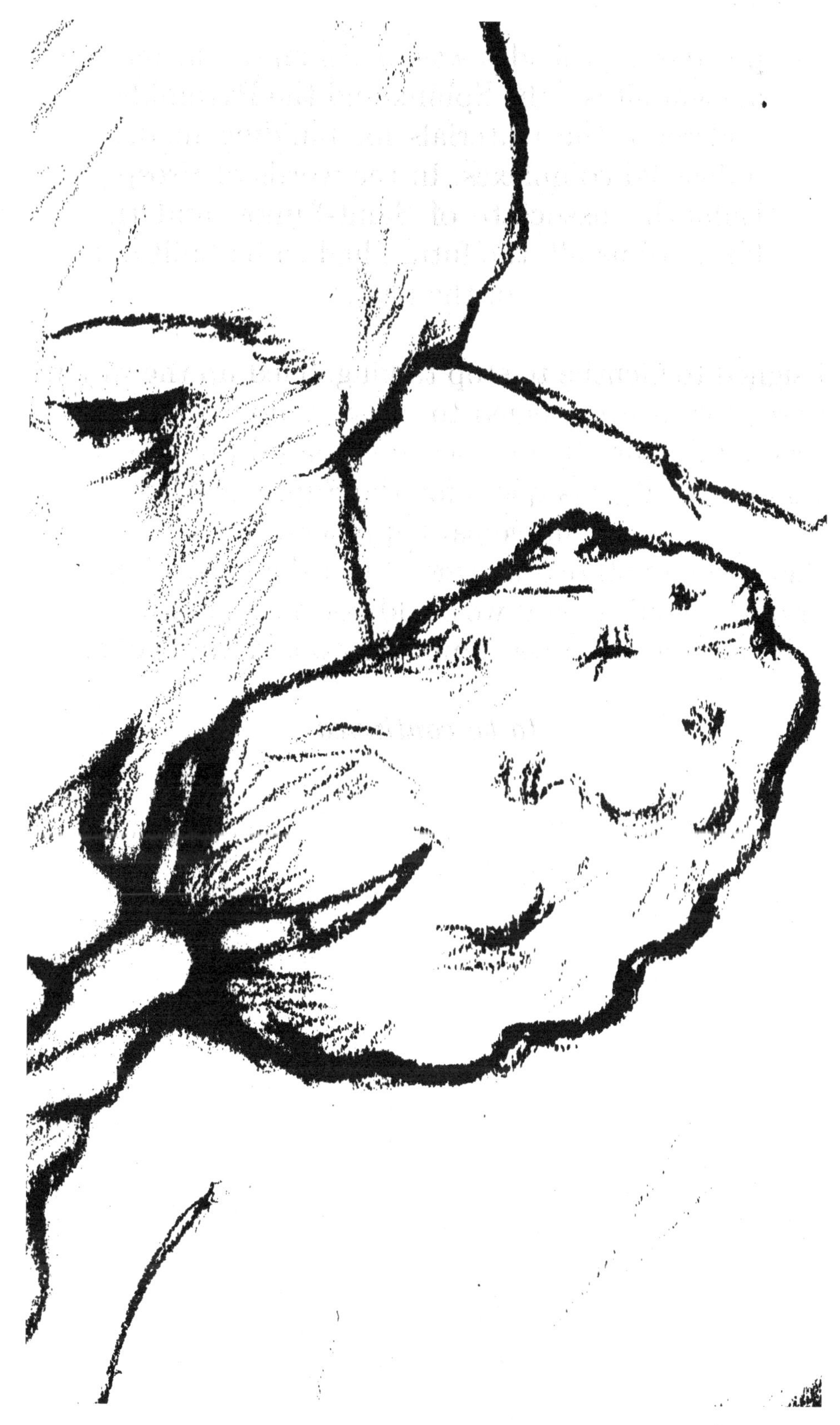

An Important Project, 16 mm and HDcam film transferred on HDcam, 38 minutes, 2009

episode 8
THE LAST OF THE VEAL BROTH

the story so far
In the depths of the Schlossberg, Régine, Étienne and Gentile, condemned to a subterranean existence by some unexplained disaster have come upon a ransacked radio station. In a fit of rage Régine has disappeared after tying the two men up and leaving them to the crocodiles that infest the caverns. Escaping from the sinister saurians, Étienne and Gentile fall through a concealed trapdoor......

★

I came to in a hospital bed, with no idea of how many hours or days I had been unconscious. The walls and ceiling were a shiny metallic grey and the harsh lighting hurt my eyes, which had grown used to the darkness of the cave. The room was tiny and stifling, and one of the walls had been replaced by a sheet of glass giving onto another room full of old scientific instruments: test tubes, flasks, vats. I was cut off from this laboratory by a hermetically sealed metal door; getting up, I tried to open it, but it was locked from the other side. Shouting for help, I hammered on the door. There was a hatch in the wall opposite, but it was sealed shut. After what seemed a long time in this harrowing atmosphere, three men and a woman appeared behind the glass wall, all wearing white belted jumpsuits and holding sheaves of paper. They observed me closely, sometimes taking notes.

I screamed at them to let me out; after a brief, inaudible discussion the oldest of the men pressed a button and spoke to me through a sputtering intercom:

"You are now in the Louis Pasteur Decontamination Centre, built beneath the Schlossberg to deal with threats of germ warfare. The centre's most important feature is its system of step-by-step decontamination. Each floor, indicated by a specific colour, corresponds to a particular level of asepsis, from the most superficial to the most intense and from the least to the most sterile. The colours have been chosen according to an analysis of perception of the visible spectrum.

1 = red
2 = yellow
3 = blue
4 = grey
5 = white

Each of these floors is separated from the next by complex sterilisation operations that eliminate all known viral, bacteriological and fungal microorganisms. The entire process lasts twenty-four hours."

He was driving me mad with all these details, and I broke in to ask where Gentile and Régine were.

"We presumed that you were ill. Subject 2 has been placed in another isolation chamber, where he is undergoing treatment. For the moment there is no Subject 3. We do not know the nature of the hostile organism, but we suspect that its structure is similar to that of crystal. It is probably a life form radically different from any we have had to deal with so far."

The woman, who had been watching me since the beginning from behind her thick-lensed glasses, continued in
a self-satisfied voice:

"You may not have realised it, but we are at
war. We are fighting an unknown, invisible
enemy, just as Louis Pasteur, in his time, had
to fight against unidentified microbes; but the
day will come when, thanks to rigorously scientific hygiene, all illnesses will disappear, just
as certain prehistoric animal species did."

"Veal broth, that is our weapon!,"

exclaimed another of the scientists.

"Pasteur disproved the fallacy of spontaneous
generation by placing this broth in a flask and
boiling it with a Bunsen burner to produce an
indefinitely pure, sterile environment—a scale
model of the laboratory and of our decontamination facility. But things had to be taken
further. It had to be demonstrated that this
laboratory situation was the same as that of
everyday life, which led Pasteur to invent the
open-ended gooseneck flask. And maybe one
day we too will open the doors of the laboratory to the world outside."

I realised that I was going to be here for some time.
I imagined them homing in on Gentile with their burners
and stuff and was not optimistic as to his chances of
survival. Then suddenly I saw a door open in the scientists' room, and another figure in a white jumpsuit
appeared. Régine! She rushed to the shelves, grabbed

two gooseneck flasks and hurled them at the glass par-
tition separating us, but the glass was too tough. Four
against one, I thought, they'll soon have her under
control. But no: the scientists screamed silently behind
the wall of glass, their faces distorted with fear as they
rushed about pointing to the contents of the broken
flasks oozing across the floor. I saw Régine head out the
door again, leaving them to their panic and the loss of
their protective asepsis. They began to fall to the floor
in convulsions. The rubber seals around the exits from
the laboratory crumbled fast, probably because of the
contaminant. I drove my heel into the hatch on the far
wall; with its seals gone it fell away, and I rushed outside.

To find myself in the Schlossberg elevator shaft......

to be continued

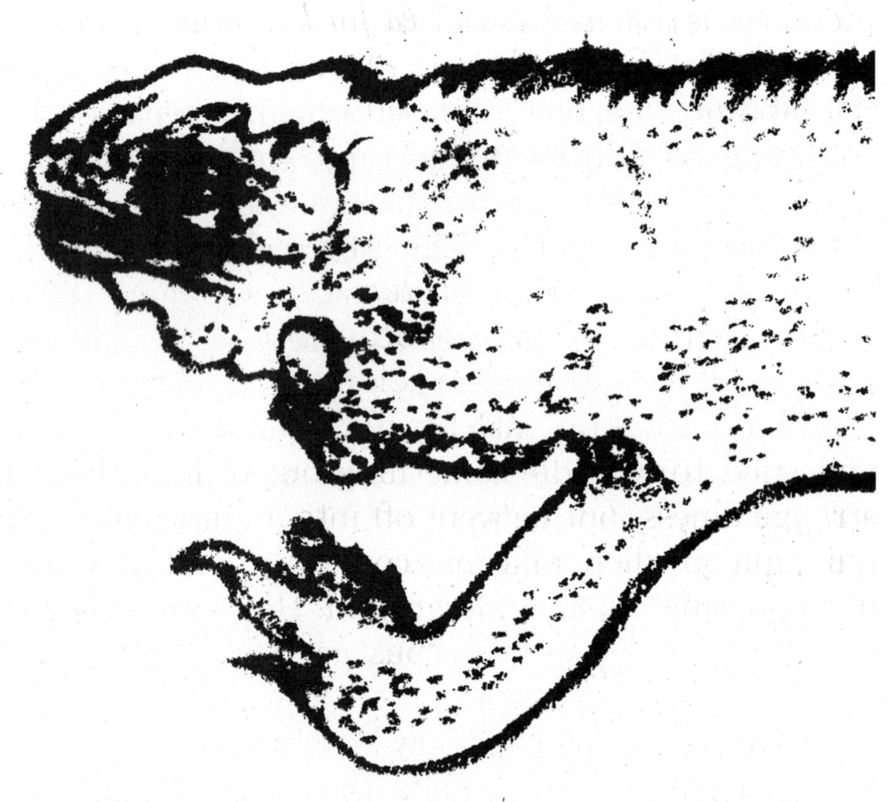

Iguana iguana, stuffed iguana, collection Musée barrois

episode 9
THE SECOND CRYSTALLISATION

the story so far
Arrigo has written to his confidante La Ghita telling her
*of his futile pursuit of the beauteous, indifferent M***.*
*He has followed M*** to Volterra, but the sullen young*
woman has mocked him by promising to meet him in
Florence, where he has waited for her in vain. In Milan,
La Ghita, suffering from a curious malady since her
friend's departure, is still confined to bed......

⋆

milan, september 25
Just back from visiting my beautiful Ghita. She is still
in bed and has not got her colour back since my return
from Florence. I ran into her doctor in the antechamber
and tried to wheedle something out of him about her
strange illness, but he went off into an interminable dis-
quisition on where miasmas come from and the dangers
of wandering about underground. How can one believe
such a curious person?

> "If it were possible to really know each illness—its
> favourite places, its habits, the way it advances—
> a good medical police force would be able to
> seize it, halt its progress and put a stop to its
> murderous activity. Caves and underground
> places like the Austrian salt mine you visited
> some time ago, are badly ventilated and perma-
> nent breeding grounds for miasmas. The morbid
> ferments—the seeds, if you like—of these ill-
> nesses are there at every moment; they find the
> perfect conditions in those environments, like

those salt crystals in the mines, whose growth is invisible to the naked eye but which end up covering the walls with their prismatic accretions. Sometimes these invisible assailants invade an organism long after contact with the miasmas. Caves are nests of contagion, where germs breed openly or in hiding, *fortissimo* or *pianissimo*. The day will come when easily applied preventive measures will halt these scourges, which so distress and terrify our people."

★

milan, september 28
She loves me, she loves me not.
All it takes is a little time and hope for the first crystallisation around the loved one to take place. The lover embellishes the object of his desire with perfections and precious stones that remain imperceptible to others. The second crystallisation, on the other hand, is much longer in coming, being haunted by doubt and anxiety. Having experienced the pleasure of being loved, one suddenly wonders: and if I am not loved? The second crystallisation is by far the strongest and most solid. Forever undeterred, it lasts a lifetime, for the choice is between loving and dying. I have a fearsome precipice on one side, and perfect happiness within arm's reach on the other.
Since the failure of my venture in disguise to Volterra, M★★★'s door has been closed to me. She has never come to me since then. She returns my letters. She refuses to see me. As La Rochefoucauld wrote,

"The pleasure of love is in loving; and we are happier in the passion we feel than in the passion we inspire."

★

milan, october 10
Yesterday I learnt that they want to drive me out of Milan. The iron grip of an invisible enemy is closing around the Liberals. I must go at once, my life is at stake.

★

paris, october 25
Everything people like in Paris I find abhorrent. I thought it impossible to remain in Milan without dying, but on leaving the city I felt my soul being torn out. It seemed I was leaving life behind. I trail joylessly through Paris, this abominable city, unable to forget the object of my crystallisation, haughty M★★★ who received me so coldly when I bade her farewell. All she could say was, in her polite, uncaring tone:

"When will you return?"

I replied:

"Never, I hope."

★

paris, november 1
I have just been informed by letter that La Ghita is dead. Gone, this dear friend, the most beautiful woman in Milan, she who could render a man lovelorn with a

single passionate glance. It seems she succumbed to the
invisible ailment from the salt mines; brushing against
the chill stones of those tunnels where arcane afflictions
grow, she brought back some terrible evil in the folds
of her dress. Have I myself been unknowingly infected?
There is talk everywhere of a mysterious fever which
is ravaging our cities and against which doctors are
powerless.
No matter. I have already written my epitaph:

ARRIGO BEYLE, MILANESE.

to be continued

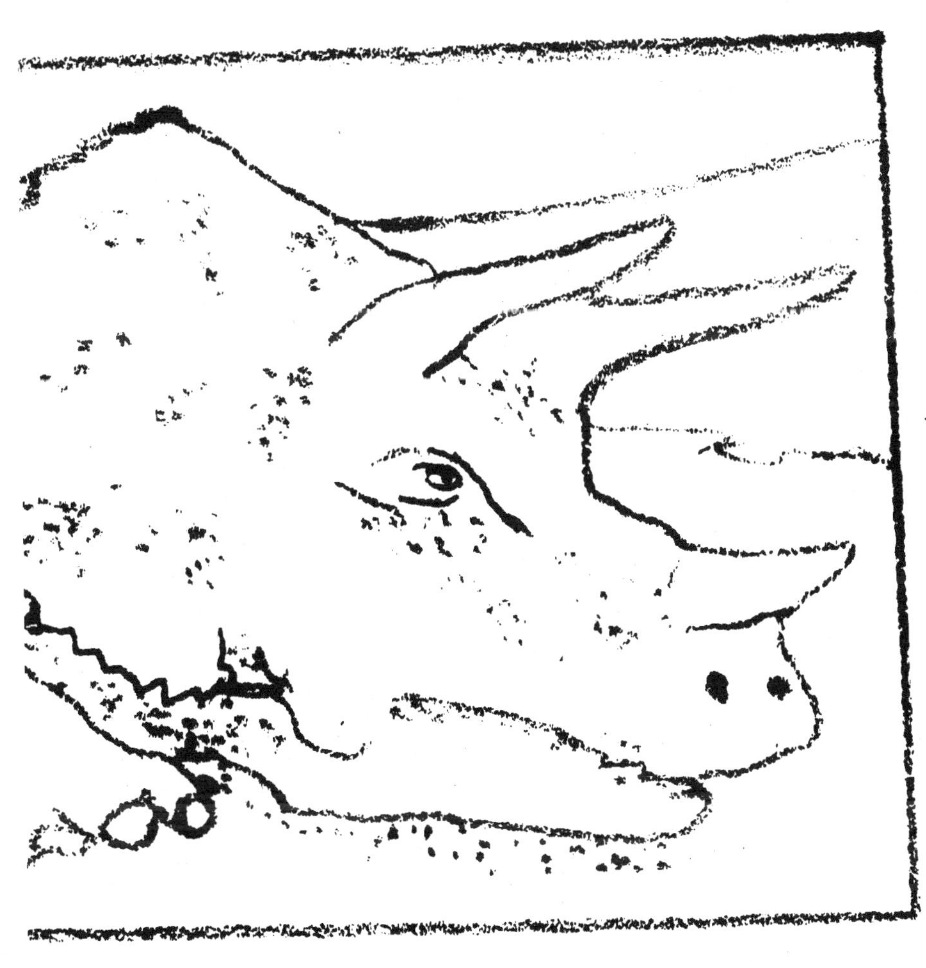

The Second Crystallisation, image panel, 2011

episode 10
THE NEST OF THE IGUANA

the story so far
In the depths of the Schlossberg, Étienne has become the guinea-pig of a group of scientists convinced of the imminence of an epidemic caused by a crystalline organism. In her attack on the laboratory Régine has destroyed its scrupulously maintained asepsis, plunging the scientists into despair. Yet again separated from Régine, Étienne has fled via the elevator shaft......

★

Grabbing the rungs of a metal ladder, I felt around in search of support in the dim light. It was very hot. I couldn't see where the elevator cable came down, but there seemed to be a greenish light at the bottom of the shaft and I decided to make for it.
After long minutes spent climbing down, my arms and legs were numb and my skin was burning; I was worried that this might be the result of what the scientists had done to me. Looking for a more comfortable position so I could rest for a moment, I came upon crevices in the rock, and when I scratched into them with my long nails I discovered a thick substance that gave off a pale glow. The walls were covered with tiny bioluminescent mushrooms, so at least I wasn't condemned to total darkness. Continuing my descent, I could see more and more clearly the mineral strata laid bare by the excavation of the shaft. An area of shiny rock caught my eye and working my way closer, I saw calcite crystals inside little spiral compartments: an ammonite in which dozens of crystal needles had grown over the years. Going down the shaft was like moving backwards through time:

now I had reached the Cretaceous, when molluscs and dinosaurs lived side by side. I was probably also going find salt deposits, as most Austrian mines ran through layers of evaporitic rocks from the same period. It got hotter and hotter as I went further down and from time to time I glimpsed green shadows silently moving up the walls: strange lizards clinging to the stone and climbing very fast. And I just had to scratch myself: my skin was covered with white scales that fell away in pieces. After what seemed an age I could make out the bottom of the shaft: I climbed down the final rungs and collapsed on the ground.

The air was terribly damp. The ground was a thick layer of sand and the luminous mushrooms bathed everything in a crepuscular, greenish light.

Then something moved slowly just in front of me, a gigantic animal like a kind of enormous crocodile—except that it probably wasn't a crocodile, but a sarcosuchus, a species extinct since the late Cretaceous. Strangely I didn't feel very worried: the creature hardly moved, and then only lethargically, the way some crocodiles do when they're suffering from heat exhaustion and have to spend hours getting their body temperature right. The sarcosuchus was cooling off in a puddle; I was dying of thirst, and since the animal didn't seem aggressive, I dared to lap up a little water beside it. It seemed uneasy, though, and I soon found out why: a kind of horrific monitor lizard—or maybe its prolacertiform ancestor, it was hard to tell in these underground zones where everything seemed to be from another age—was digging a hole in the sand a few metres away with his hideous little legs, and regularly plunging his muzzle into the hole. Finally he came up with an enormous egg that he ripped apart and then consumed with great satisfaction. He was pillaging the nest of the mother sarcosuchus, who was too feeble to drive him away. I looked pityingly at the prehistoric crocodile; it had magnificent golden eyes and something about the way it looked at me made me think of Régine.

★

Richard Owen had built his reputation on meticulous studies of a number of invertebrates and fish. Influenced by Cuvier, he decided to start investigating extinct species, but contemporary accounts often mention his lack of scruple and his readiness to plunder his colleagues' discoveries. Gideon Mantell was the first to describe a species of giant lizard, the iguanodon (iguana tooth), but it was Owen whose invention of the term dinosaur, or "terrible lizard," crystallised interest in vanished species.

When the Crystal Palace, built for the first Universal Exhibition in London in 1851, was dismantled and transferred to a park south of the city, the sculptor Benjamin Waterhouse Hawkins was commissioned to recreate, in the surrounding gardens, the Earth as it had been in time of the dinosaurs.

Owen provided the scientific advice for the venture, suggesting the creation of three islands in the middle of a lake, to represent the Palaeozoic, Mesozoic and Cenozoic eras. On the Mesozoic island Hawkins placed the first-ever life-size sculptures of these extinct creatures. The iguanodon was shown walking on all fours, like an enormous lizard, and sporting a claw on its nose. Nothing could have been more wrong. As I now know, the iguanodon had nothing to do with iguanas. We squamates have a handsome green skin which suits our current environment perfectly. We eat mushrooms in delicate little mouthfuls: there are plenty of them and they're rich in minerals. My claws mean I can climb nimbly along the underground walls, but most of the time I don't move at all. Time passes so slowly for me that I think I'll last forever.

the end

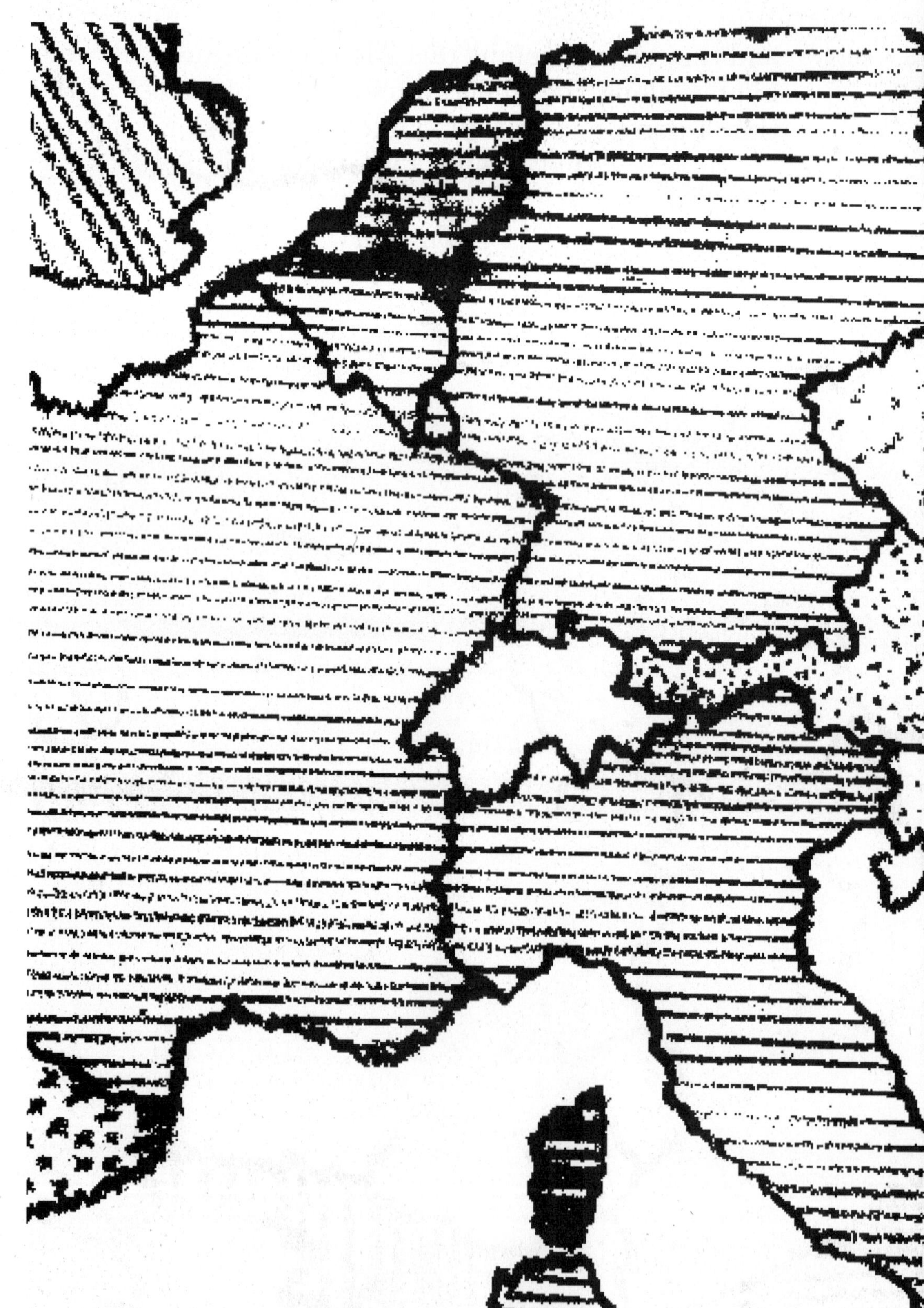

The Construction of Europe, 1957-2012

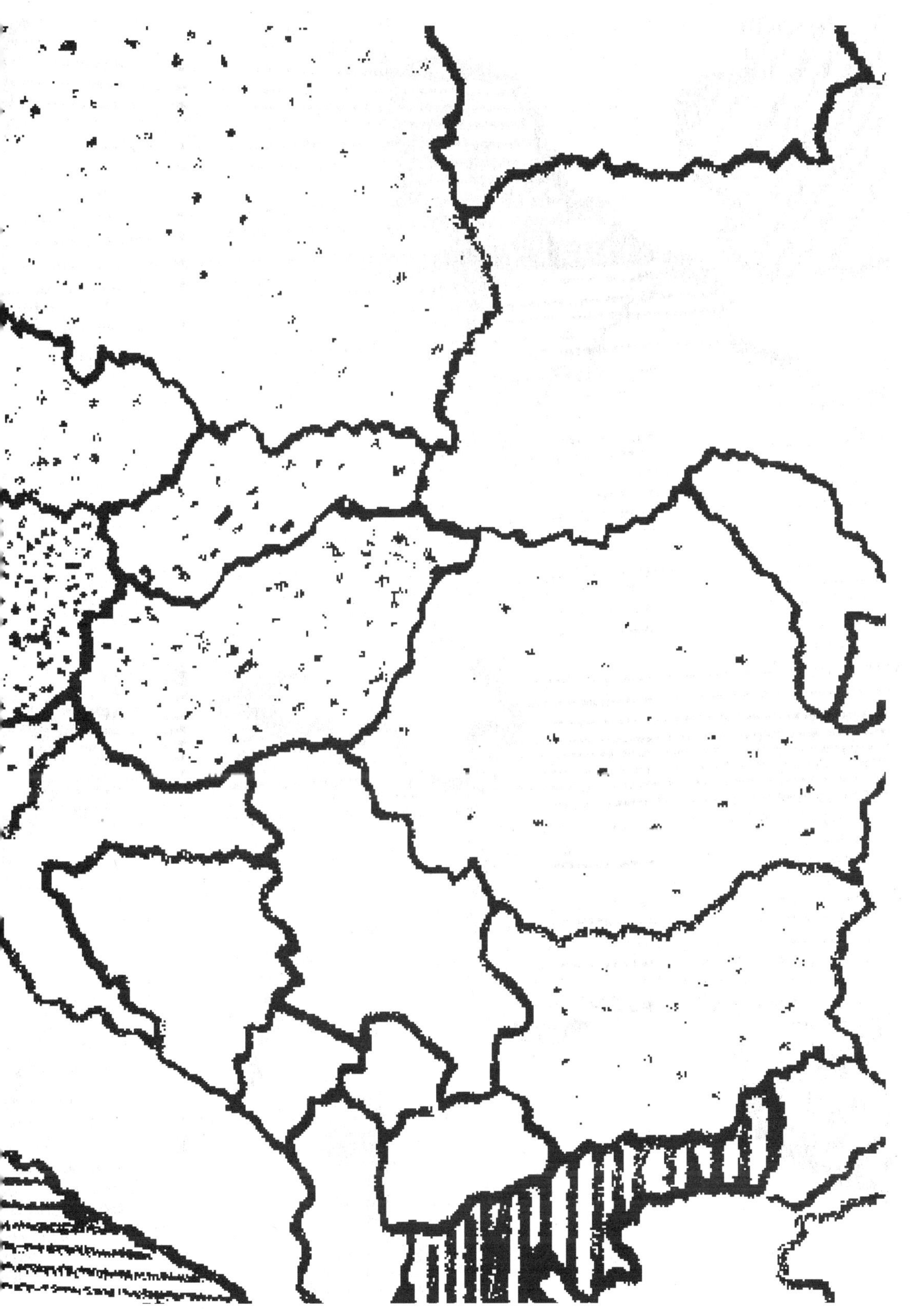

by
EMMANUELLE PIREYRE

STRANGE ATTRACTION I

american dream
"The more wealth one amasses, the more independent one is in the world. One is free by becoming self-reliant and an island unto oneself."

european dream
"For Europeans, freedom is not to be found in autonomy but in embeddedness. To be free is to have access to a myriad of interdependent relationships with others. With relationships comes inclusivity, and with inclusivity comes security."

european dream
"While the American Spirit is tiring and languishing in the past, a new European Dream is being born. It is a dream far better suited to the next stage of the human journey—one that promises to bring humanity and global consciousness befitting an increasingly interconnected and globalizing society."

european dream
"A new generation of Europeans carries the world's hope with it. This places a very special responsibility on the European people, the kind our own founding fathers and mothers must have felt two hundred years ago, when the rest of the world looked to America as a beacon of hope."

Jeremy Rifkin, *The European Dream, How Europe's Vision of the Future Is Quietly Eclipsing the American Dream*, Penguin, New York, 2004

STRANGE ATTRACTION II

The strange attraction of Europeans to other Europeans resembles a dream that resembles a beacon.
The founding members of the European Union are Germany, Belgium, France, Italy, Luxembourg and the Netherlands. In 1973 they were joined by Denmark, Ireland and the United Kingdom. The Union expanded southward with the addition of Greece in 1981, then Spain and Portugal in 1986. It was joined by Austria, Finland and Sweden in 1995. In 2004 the European Union integrated ten new states, mostly former Eastern Bloc countries: Cyprus, Estonia, Hungary, Latvia, Lithuania, Malta, Poland, the Czech Republic, Slovakia and Slovenia; then Bulgaria and Romania in 2007.

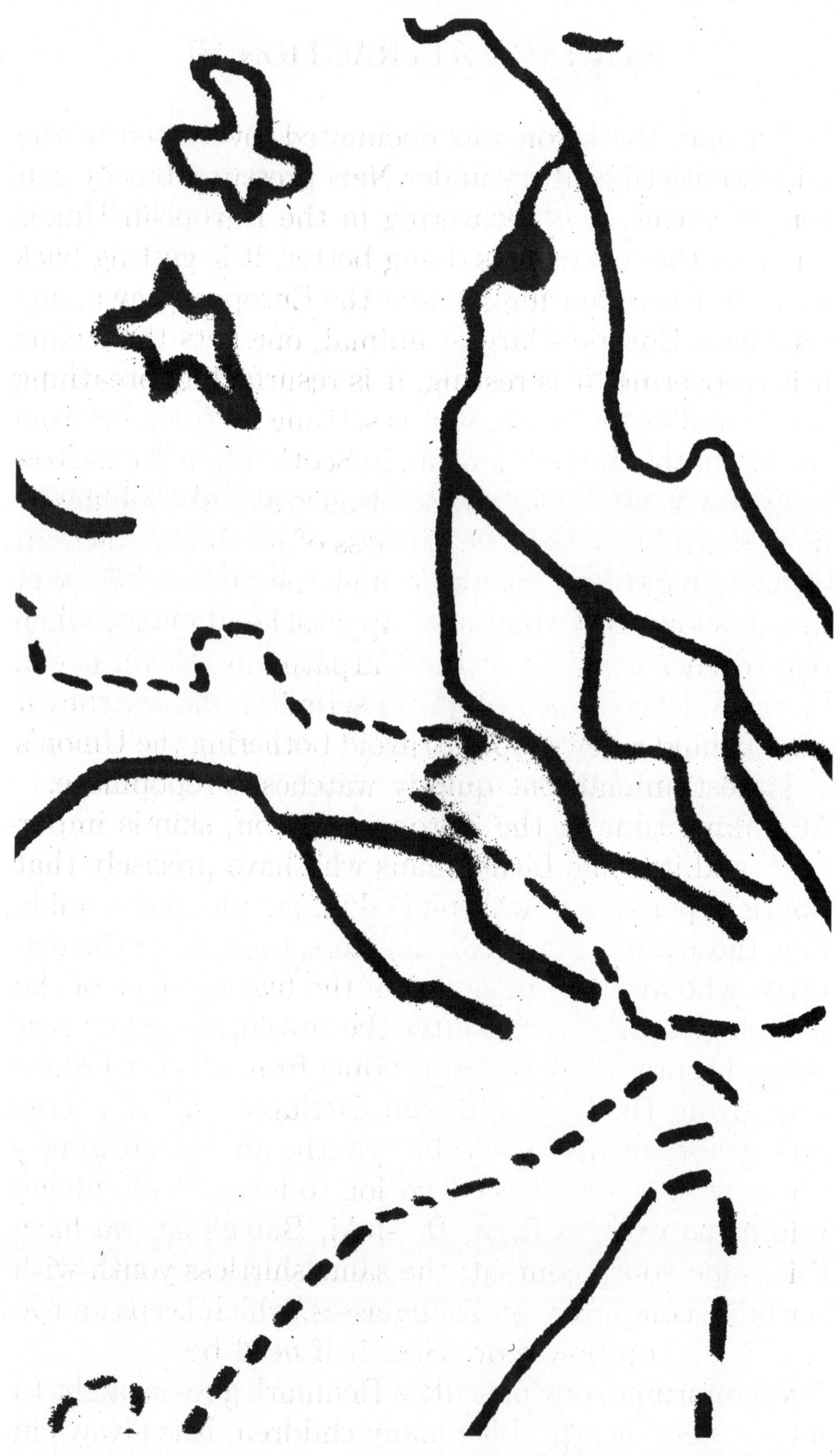

Map of archaeological sites in Lorraine

STRANGE ATTRACTION III

In Europe, the bison was decimated, overeaten in the mid-twentieth century under Nazi pressure; but by concentric waves, it is recovering in the European Union, one gets the feeling it is doing better, it is getting back to itself. Every morning, under the European dawn, one visualizes Europe's largest animal, one gets the feeling it is recovering, it is resting, it is resurfacing, breathing better and better, its breath is settling in. Even far from the Carpathians, in Portugal, in Scotland, in the narrow streets of Valetta, Malta, the bison is already holding us more warmly, we feel the softness of its thick brown fur growing back, and its hump underneath, its solid feet in the snow. But when one approaches Poland, when one reaches the foot of the Carpathians, there, it can be seen clearly, one enjoys its serenity, one watches it from behind a newspaper to avoid bothering the Union's largest animal, one quietly watches it repopulate.

At waking time in the European Union, skin is important, and it is the Lithuanians who have precisely that political personnel with pink skin, supple and wrinkle-free, those almost childish ministers, those under-30 deputies, who awaken memories of the first sessions of the French Assembly, right after the revolution, when new elected representatives descending from all over France leapt from their horse-drawn carriages, full of energy and grace, of an admirable youth, an extraordinary verve, with a boundless devotion to ideas. And outside Vilnius as well, in Riga, Helsinki, Barcelona, we have this same youth content: the same shirtless youth with portable computers and sunglasses, which keeps an eye on power or seizes it if need be.

Every morning, our nice little Denmark goes straight to its partners' hearts. Like many children, it is always in a good mood and its presence cheers the adults. In the morning, neither too early nor too late, Denmark leaps from its bed and beams, full of happiness. At 93.4%, it is thrilled to go to work, its hours are not stressful. And along with this, it is mindful of the common good, confident in its elected representatives, equal among men and women, unpolluted. And in the evening, it can be found clinking glasses before 8 p.m. while saying "skull," *skål*, to remember the time when it drank from a wolf skull.

The heat from Union bodies transiting in the morning at Stockholm station is captured, then transported through pipes full of water, moving the bodies' energy towards the neighboring building, which uses it right away.

Throughout the European Union, people are working on reflexes, speed, footwork, the element of surprise, taking as a model the legs of our Swedes, who, when the first rays of the March sun appear, seem already to be awake, immediately already outside, immediately already splendidly tanned.

Like elsewhere in the world, self-control is nonetheless possible and even desirable in the European Union. One will not necessarily plunge underground, hurl oneself on the things underground, one will not always pull what is below up to the surface. In Italy, one waits, one keeps one's vestiges buried, since uncovering them would mean destroying them; one leaves the shale gas where it is; one does not tear away the thick blue carpeting to look underneath; one forgets the gold in one's deposits.

It is still morning in the Union, a Spanish woman you hardly know is preparing you a coffee. No matter what one does, a Spanish woman will be more headstrong than everyone else, her willpower container is larger, and her willpower is superior, even in quality. She serves you a coffee in her porcelain, she is a feminist and sleeps in her clothes, she has big shoes that jut out from the bed, she makes a chocolate and cinnamon cake, pours more organic cream into the coffee cups, sets up a board game, and while you are taking your time standing up, while you are feeling dreamy dreamy dreamy, she is already outside washing your car with a spray hose. She takes the opportunity to spray passers-by.

In the morning, enormous blackberries, cherries, big unfamiliar vegetables and one-night stands are offered on Slovak markets. In Sweden one mixes slaughter-house refuse with illegal alcohol intercepted by the police, then one fills the gas tanks of the city buses with this horrible mixture so they run. And the Austrians are teaching pastry-making secrets to the Magyars. Thus a morning in the Union passes in the blink of an eye. All over the planet, a laugh is worth a hundred groans, and the European Union is no exception. On Saturday at around 2 p.m., after lunch, the Union's French people like to sit on beautiful rugs brought back from North Africa, pull their little ones onto their knees, and laugh at other nations. Weekend after weekend, the French like to sit in their gardens, and break into laughter thinking about the Belgians and the English, who themselves are at the same moment laughing about the French and the Irish, who are themselves laughing at the English. The Portuguese are having a siesta at that hour, but soon they are meeting on the beach to joke behind the backs of the Spanish, who are at that moment laughing at the Portuguese and the French. This is how European laughter spreads; and will soften, nourish the European treaties. Slovakia is laughing at Hungary which is laughing at Romania which is laughing at Bulgaria which is laughing at Greece which is making fun of Albania. The Polish are laughing at the Germans and the Czechs, whose humor, sometimes a bit out there, is not always understood, like the time a Czech artist had the idea to exhibit an installation in Brussels in which each European nation was represented by a stencil that was supposed to symbolize it, and no one laughed.

"Anyway, that's not our humor, it's a provocation by our anti-European government,"

was the apology offered by the Czechs, who have a longstanding habit of sitting down in their gardens and starting to laugh at the Slovaks and the Germans. Why can we not hear the Slovenians in this concert of guffaws? Because at that moment, the Slovenians were silently hurtling down one of their mountains on skis, and on skis they end up in a cave full of stalactites, on the rock walls they decipher graffiti left in 1213 by distant cave visitors. Why are we not hearing much from the Germans? Because we must note the particular trait that, although many nations, Danish, Polish, Italian, Czech, Austrian, Belgian, in fact all of the nations living in the area, take pleasure in laughing at Germany, Germany itself laughs little at its neighbors. It directs its laughter at part of itself, and has a quiet, domestic giggle at its own north Germans. Back from work, the Bulgarians open the door to their home, and rejoice that they own their dwelling, and cannot lose it, except if they divorce. But if they divorce they are consoled, because they return to their mother's house. And they are consoled at their mother's house, because they eat cucumbers and tomatoes from the garden; as well as the chickens and pigs she raises. Whereas the divorced Brit would only need to sit down on a lovely white bench and watch his mother water the grass and

tend to her magnolias. And sixteen times more often, the Bulgarian secretly tells himself, the Brit's grandmother will be stuck in a retirement home, and this is also sixteen times more consoling to a Bulgarian in the process of eating his chicken while thinking things through.
Hikers are many in the Union, when the offices empty out. They grab their rucksack and climb the slightest hill. When they clamber up to the top of the northern Union, in the pure air beyond the polar circle they hear the love songs of Italian singers. And sometimes the pure air is so pure and spreads so far, they can make out the neo-melodic laments of Neapolitan singers, tanned, chest shaved, singing one of their songs for a thousand euros at a wedding or communion, an epic song about greatness, honor and the tragedy of the Camorra hitmen. And through their binoculars, at the summit of the Union's center, on one side the hikers can see the Dutch victoriously pedaling against the wind and the Irish eating breakfast in the wind on a pink and blue beach; and on the other side they see the Greeks organizing themselves, going back to the land, buying back their cities' water systems, they see them not collapsing into the sea despite the wind, and on this small, swaying surface, they can also very clearly make out the hurried movements of bakers and restaurant owners going in and out, bustling about and distributing their surplus food to people who have already lost everything—their work, their savings and their home. It's wonderful, because the bakers and restaurant owners are organizing this distribution themselves, and a glass company from Chios Island is offering to send them plates and even pay for transport to Athens.
The French like to drop in on the Belgians just to watch them, admire them, because by looking at them, they see a more grounded version of themselves: a reflection

more real than the original. To make the French laugh, the Belgians do a variety sketch for them called *Jean-Luc et Chantal*, in which they imitate the French accent, it really is very funny, it's true, they seem to be turning green with envy.

When night falls at 3 p.m. in winter, the whole union floods into Estonia in vintage cowboy boots, a bright yellow coat, grey mini-skirt or apple green jacket. We like to go to Tallinn to inhale the freedom that the bright colors represent, we like being aware that the Soviet occupation is ridiculously remote, that the lid has been popped open. We shake our blond locks in night clubs on every street corner, in trendy lounges the color of ice floes and acid.

At The Icecreamists, the London ice cream-maker, Latvians and Estonians are playing chess at afternoon snack-time, eating the best ice cream made of British women's mother's-milk, vanilla-flavored. The Latvians want to worm information out of the Estonians, to know why they are coping better.

"It's simple,"

the Estonians reply.

"You've got it bad, wedged between us and the Lithuanians, you don't get enough people passing through your country. Whereas we, a stone's throw from Finland, are already good at languages, we travel up and down Europe looking for business, so it's obvious."

"You won't get fat,"

the Dutch say tenderly to the Slovaks and Romanians.

"Like you, we're more *Milka milk chocolate* than
Coca-Cola."

Milka milk chocolate delivered in the Union has the same
composition everywhere. On the other hand, beware
Coke: between Berlin and Budapest, Coca-Cola is not
the same: although the underlying syrup is identical,
Coke adds less expensive corn starch sugars in the
poorest countries. To the tongue, the difference between
glucose-fructose and sugar is almost imperceptible, but
it causes obesity and increases diabetes.

"That's not our idea of a union, we want to
control diabetes, we want you to be healthy
and beautiful,"

the Dutch murmur to the Hungarians.
It's true that in the past there was that extra-Union
business about Spain and Russia, when on the Costa
Brava, real estate classified ads started being written
in Russian. But it's over for now, no one talks about
it anymore, the marvelous Spanish creeks remain, and
it is the Russian mafia's empty buildings, left to waste,
that are caving in next to pools with missing tiles.
In late afternoon, people are bustling about more
intensely, things are going well in the architectural
studios where tomorrow's homes are being designed,
dozens of coffees are being consumed. On the one hand,
in Portugal, they are taking inspiration from Japan
and inventing portable, inexpensive homes, quickly
constructed with adjustable panels, making the most
of natural light, their materials and colors adaptable
according to the occupant's tastes: at the same time
in Denmark, they are preparing for the post-oil era:
living in the silos, after cleaning them with oil-eating

bacteria. The shutters of these watertight containers will be opened, in the morning one will wave to the neighbors in the silo across the street.
The day has been tremendous in the Union and we dine late.

"Skål,"

we first clink glasses with the Danish, in memory of the time when they drank from a wolf skull. We like to end the evening with a trip to the eastern coast, to Bucharest, Budapest, even straight to Cyprus. We take in the East in small puffs, going from a Viennese tea room to a Turkish bath, music is everywhere. We let ourselves fall under the spell of Liszt's rhapsodies and weep from emotion before a gypsy violin. Then we hitchhike with a bunch of other Romanians, there is a great atmosphere, we end up in Italy, and light a final fire on the beach where Pasolini was murdered.
One evening, the Union's sky is clear, the stars illuminate the night, the countryside is magnificent, and Finland, one time does not make a habit, takes a little solitary trip. It is already saying that with a start like this, it will win lots of medals at the Winter Olympics. And if you add the medals of other European countries, Europe is intensely Olympic, it plays, it participates, it wins. Finland looks at its forests and finds itself beautiful.

"I'm not homosexual,"

it tells itself. Finland is experiencing high temperatures, in spite of its northern latitude. It feels well, night is falling, it is overexcited, as sometimes happens when

the sun plunges behind the summits. It watches its
mountains change color.

"I'm not homosexual,"

it tells itself,

"but if I were, I would marry myself and I would
be obsessed with myself."

Having said that, it was merely one night. Every other
night, Finland falls asleep under the love and attraction
of its partners.
In the evening, before going to sleep, we again read the
works of Austrian authors, we listen to Austrian artists,
we watch them conduct their experiments, we watch
their blood flow.
No need for earplugs to sleep in Luxembourg, even if
one sleeps in a car, sleep is made peaceful, not by the
silence, but by the ebb and flow of the wind through
the trees in the forest. One can guess from this regular
ebb and flow that money is recovering, that it is resting,
resurfacing, breathing better and better, that its breath
is settling in. Ok, here and there someone is dreaming
they are crossing the border with 10,000 euros in small
denominations without hindrance, but that is not the
main dream, just an epiphenomenon, a ridiculous dream
epiphenomenon at 10,000 euros per capita. The general
dream visualizes money recuperating, feeling better,
getting back to itself. Sometimes a bubble bursts and
everything disappears, but one falls back to sleep very
quickly. Listening to the ebb and flow of the wind
through the branches above the car, you know that
money is rising again by concentric circles and is, calmly,
redensifying.

STRANGE ATTRACTION IV

Eurozone output shrugs off debt fears

Fears over eurozone debt crisis deepening

New fears on Greek rescue

Eurozone fears resurface

Italy's bonds in danger zone

Businesses plan for possible end of euro

Downgrades for France and Austria

Financial Times, January 4, January 11, June 6, September 6, November 8, November 30, 2011; January 14, 2012

Cameron attacks eurozone

Greeks inflamed by new demands

Barcelona stock exchange vandalised in Spanish protests

Eurozone in Crisis

Faith in euro firewall fades

Time to break the glass? The eurozone on edge

Spain in appeal for bankaid

Fears rise over EU handling of debt crisis

Financial Times, January 27, February 11, March 30,
May 8, May 15, June 1, June 6, June 13, 2012

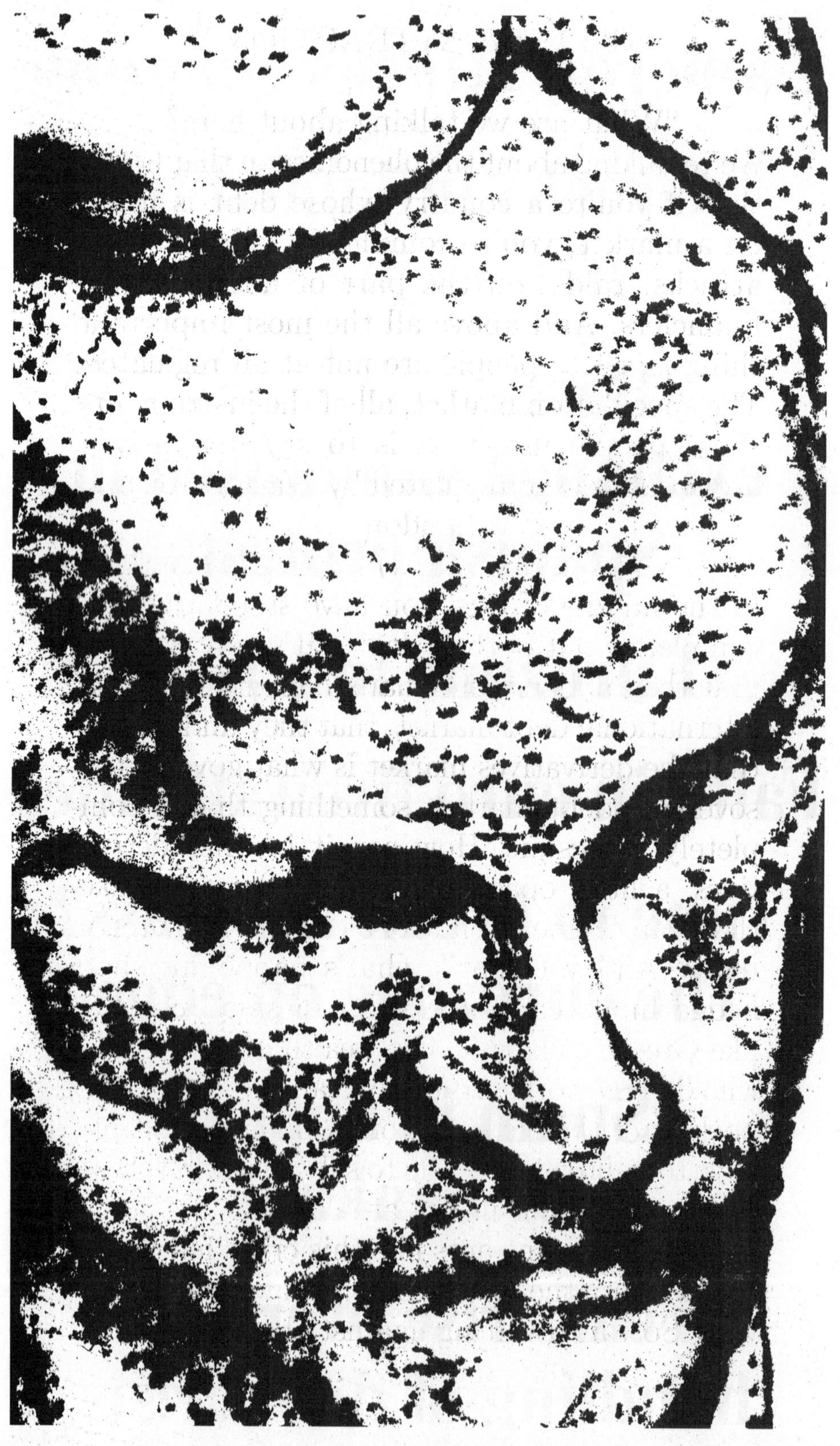

Bust of Raymond Poincaré (first quarter of the XXth century), collection Musée barrois

STRANGE ATTRACTION V

"What are we talking about here?
We're talking about the phenomenon that posits
that if you're a country whose debt is listed
on a market, you're completely vulnerable to
attacks, raids, on the part of unscrupulous
financiers. And above all the most important
thing is, these people are not at all regulated.
The speculation market, all of the instruments
these people use, that is to say derivatives,
are absolutely unregulated by Washington and
London.

(......)

In the middle of this, you have states that are
completely out of their depth. It's only recently
that they understood what's happening on the
international debt market, that they understood
that the derivatives market is what governs the
sovereign debt market, something that is completely grotesque. IIow can it be that derivatives, a little opaque, unregulated market like
that, can decide the fate of a country's sovereign
debt? And yet that's what's happening: five
hedge funds can decide that a small country
like Greece collapses. The wealth of real people,
who do real work, is directly transferred into the
pockets of these speculators. Millions of people
have to tighten their belts to subsidize what these
speculators are doing.
And yet everyone acts like this crisis fell out of
the sky from the planet Mars, and we don't know
why. So I'm revolting against that ignorance."

Myret Zaki, Kugler Foundry, Geneva, December 3, 2011

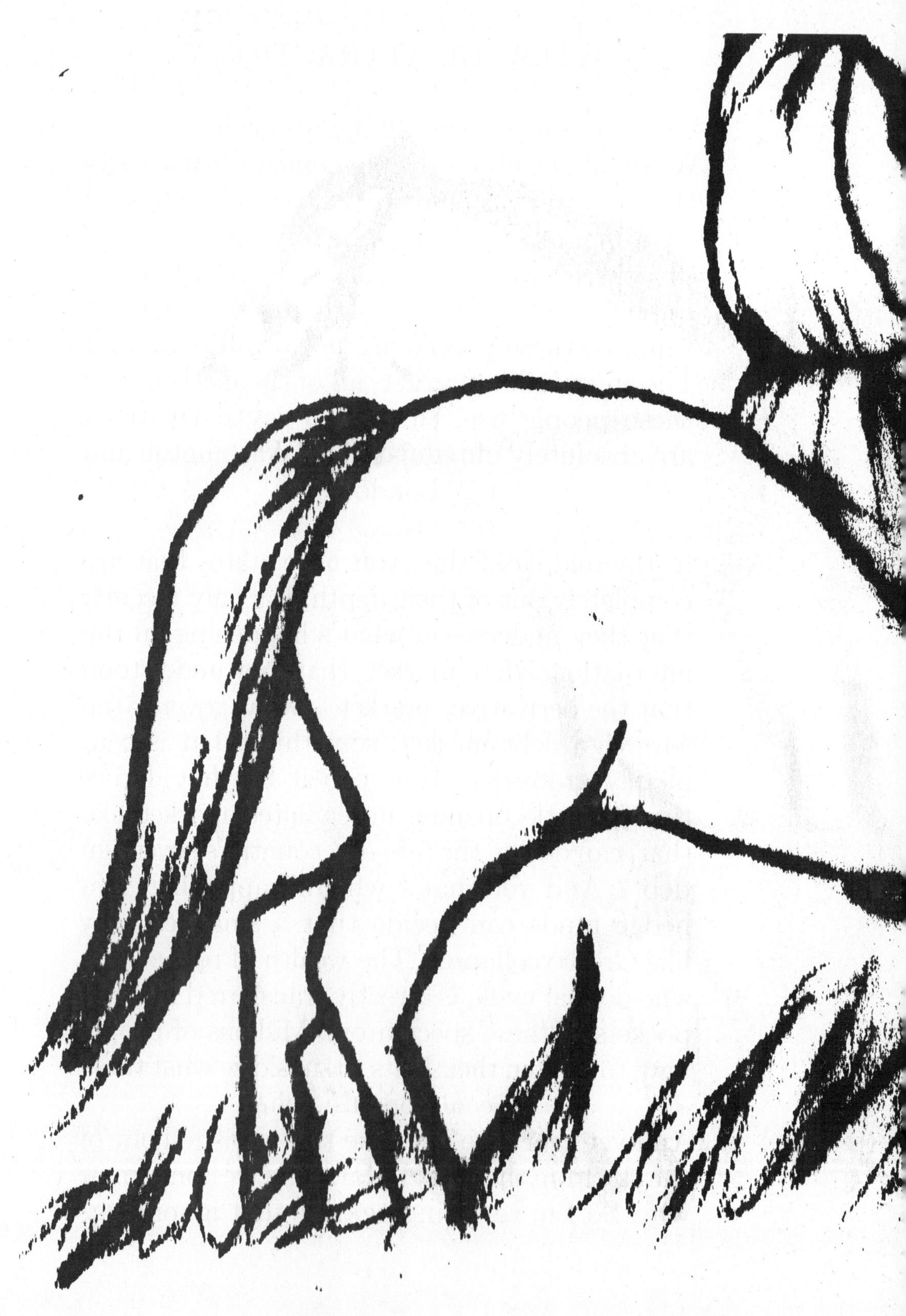

Pythagoras and the Monsters, Super-8 film, 4 minutes 40, 2012

INGRATE
A CONCEPTUAL FANTASY

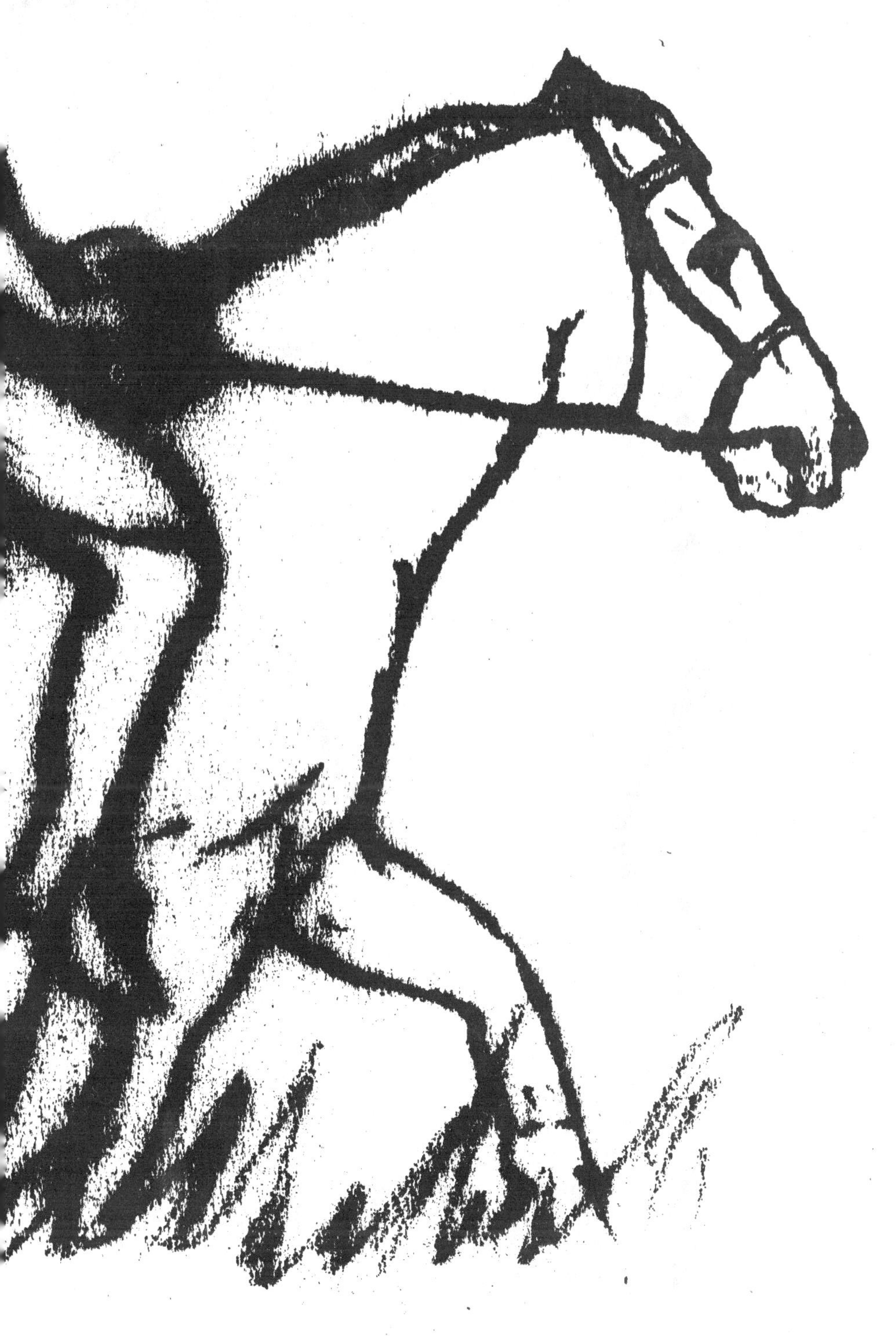

by
STÉPHANE BÉRARD

In which the reader discovers the dream of a character who is dreaming of another character who was dreaming of something quite different but which we manage to get the drift of......

★

Galloping along a rasping path, here under the wind, the pink-skinned horseman advances amid ancient snares that Apache weather worsens, weather with an exces-
sively expansive sun glowing beneath it.
Null and void, the dust scores the canon with its stri-
ated barrel, befouls the age.
Franck Vallone stops on a rise to overlook a plain, take a breather, tilt his hat, rest his horse, look behind him to see if the landscape's more interesting like that.
He was a strong healthy boy when, still drawn to people, he gave off strong feelings about the future, not far from the place known as Realpanier.
Now Realpanier is like some last gasp, a place a child would feel happy to be done with when the wind, a blast of potent breath-odours, wears custom away, giving it a strange turn, fabricating clichés for bar-rooms not to say emergency rooms, silhouettes in the rain five times a year, embellishing the sandstone into silent rusted Indians, when he was a child the statues melted (on him!) but at ground level, and now he's upright in the sun.
So this is a burial mound and it makes Franck shiver to think that a Navajo tomb is filling the soil, celebrat-
ing death, driving these limbs out beyond Flery into different holes, into the silver mines, side by side with their paleface vanquishers.
Sometimes they roll up their sleeves, spit on their hands, mount up wearing leather and hide jackets whose fringes

come to visit the ancestor, to be sure that he still lies there, each fringe a prayer and a provocation to the gravitational forces (of the cosmos); facing up to nature, confronting it, the fringe is ornamental proof of bodily presence, of a Franckly animal body still standing upright, or as well as it can, the fringe is a plumb line, proof of aplomb, verticality, attitude, to anyone who might doubt it—the non-cowboy, the non-pioneer, the townsman.

Then they meditate and go their way, muttering their language, observing a great deal, the hindquarters of the mustang, beneath its belly the cock that flops out red then pulls back in at once; their faces like bricks from northern France.

Given his way of giving nothing away, Franck thinks he's being watched, recalling that on other occasions they extinguished their brick colour, refractory even when they ventured as far as old Rick Eating's ranch. Still, best not to hang about here at night, or go near the mound, or even cook farting beans in the vicinity.

"John?,"

thinks Franck, imagining Johnny and checking for the clear outline of John's nose, the close-set eyes almost blue behind the fine-rimmed glasses and then the hair blond like a ranch swept by the sun since morning, thinking back to John's silhouette when he first saw him, his slightly hipshot stance when his wobbly heel gives under him in a saloon somewhere.

There's hair on his torso and he only just avoids taking a low branch across the chest, flattening from the ischium, more or less, along the mare's back, keeping an eye on a thicket in case he falls, imagines the best way out, is startled by a lynx and a limping calf; three flies are

feeding off the corner of his eye as he misses a cougar
with his carbine, strikes a tree with a crowbar, urges
his horse down the slope.
The day's going nowhere.
But wasn't that a faint sound of breathing in the last
thicket to the left? It's something moving about, grazing:
a dark sorrel, saddled and bridled! Johnny gets down
uncomfortably on his side, so he can crawl without
scaring the horse. Franck doesn't move, but his eyes
stay busy as he grabs the reins and so easily pulls the
bit and the gums along with them.
Behind a column of weathered rock right by the trail he
was checking to see what horse he had, because the one
belonging to Paul Eaty, nicknamed "The Barber," was
grazing near his brother's toes, twins, seated, unfinished,
edgy; the sorrel had a disturbing double except for the
X burnt into its haunch.

"Hey you!"

"Hi Honkitongue women."

"Hey, who is that? Where'd you get the hoss,
boy?"

"Just passing by."

"Damn, you're kidding, doesn't that bridle
belong to the Barber? Or maybe to a redskin?"

"No-no."

"Okay."

"Take it easy."

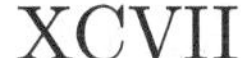

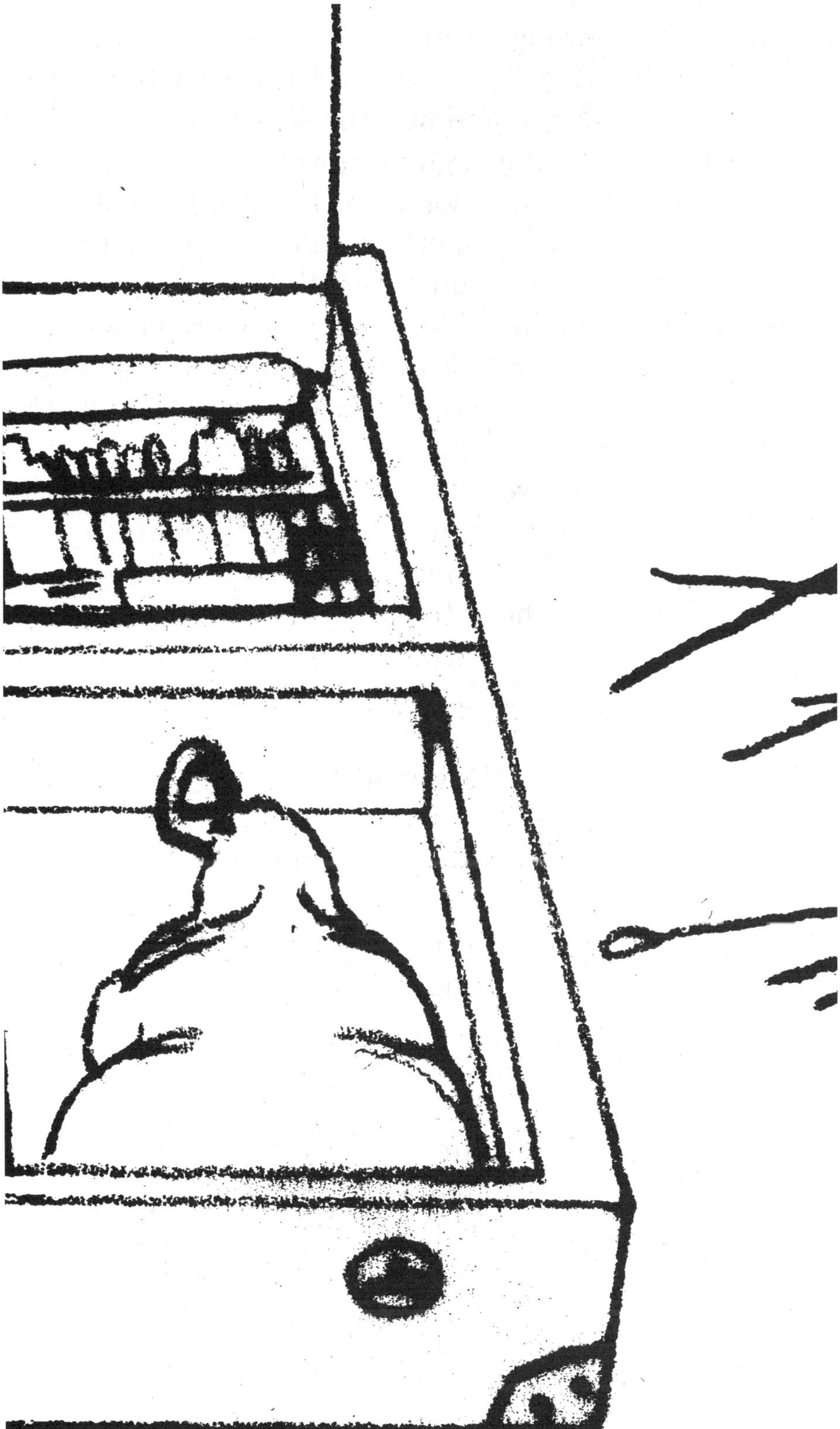

Surgical instruments, Gallo-Roman, Delme area, collection Ad duodecimum, first aid kit (XXth century), collection Musée barrois

John shouted in search of the missing rider, the noise
bouncing off the canyon walls.
Let's call him Mister X, let's say the horse reared because
of a rattler and X falls, bangs his head and dies.
Or the horse puts its foot in a gopher hole, X falls, rolls
beautifully, is okay, then reaches out and a scorpion's
waiting for him.
Or X has a weak heart—the outdoors life—and suffo-
cates even before he falls, all that chocolate and liquor
blocking the aorta, the cowboy's fucked, down forever,
dust on shelves sometimes.
When the steam shows in the distance, not because
there are rails keeping a train on course, cutting a path
through a few cactuses, but because of the canal on
whose borders from the Americas to Europe in countless
split seconds of pernickety sailing navigation (twenty-
four days), but this kind digression doesn't check our
enthusiasm, let's go.

"Wake up, on your feet Almoud, Almoud!"

"Yeah......"

The sun for an orange traffic light, will it make up its
mind to turn green? Will we make a halt in the suddenly
altered red that heralds a fresh sirocco like something
tearing with its nails at the lids of enormous tanks,

"Yeah."

Yeah, we're at the Khemir Ban Idd hospital in Cairo
and the above events (Franck Vallone, The Barber and
half-brother Johnny) were no more than a dream in
the axial internal functioning of Almoud al Riwer, very
young and waking up for an X-ray (when what he really

needs is a scan) but there's something wrong: there's lawn beyond the blue and beige waters of the horizon where the architecture is still gleaming with streetlamps, the first in Asia, with the protective ramparts zigzagging before your eyes, reader.

"Yeah."

Reader, think of Almoud, of your straight fingers touching your eyes, wandering like a music box with steel blades, all vibrating, think of their length, the state of the metal, the way it's cut, its alloys, its commas (on the walls of public toilets). The shapes of Osiris and Ra, river and radiant star underpinning the city's structure, here straight discipline imposed by the annual Nile floods that organised the reign of the Pharaohs.

With the temple and the tomb taking themselves for god in the city, hinging on a straight, utilitarian religious line that has the average Egyptian paying the licence fee for plots of land in a mapped-out future because the floods carry off the water to the purse of the surveyor drawn from the Nile, granting maybe a kickback by decree and water damage for sure.

And so that geometry moved on to Greece, where they put up embankments, enforced square trenches with hieroglyphic names and shaped like swimming pools when seen from a chopper.

As for the pyramids of curiosities, today the only believers visiting our churches presumably have no ID and get pushed out by priests with a helping hand from riot police. Elvis Memphis Tennessee, yes and no, near Memphis on the left bank of the Nile Osiris becomes Ra, takes off into Cosmos 99 to find his daddy as the sky reddens with a deathly communist vault over an avenue flanked with sphinxes (red guards).

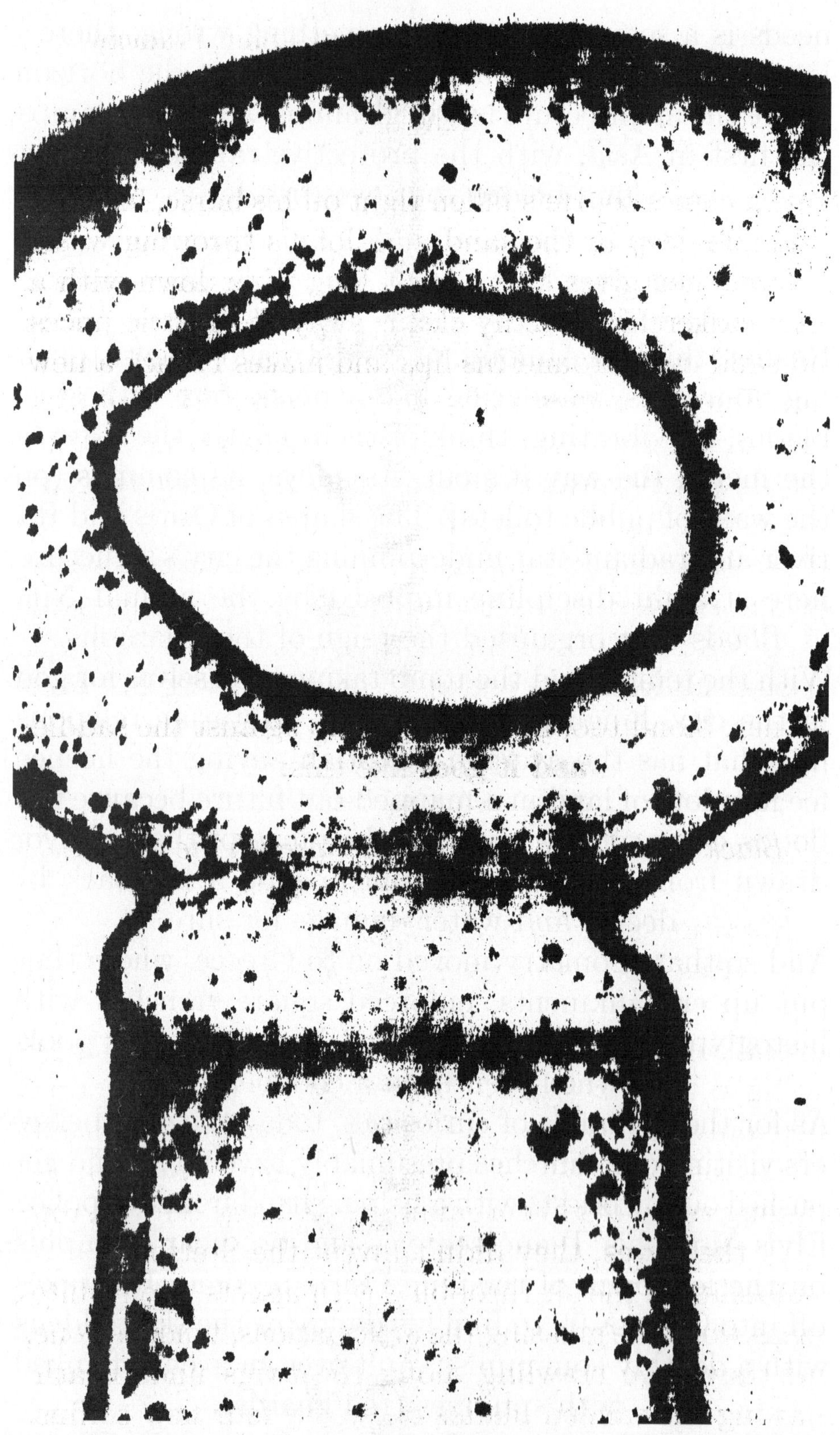

Piece of harness, iron, Delme Area, collection
Ad duodecimum

"Franck, hey Franck for Chrissakes! Shit, Franck!"

"Ah?!"

Franck comes to. He's fallen right off his horse, his nose is temple-deep in the sand and John's throwing water on him, then gives him a good long wipe down with a wet handkerchief, calmly cleans away the gastric juices and sand from around his lips and makes Franck a new man. Franck's muzzy and pale, he vomits a bit, dribbles, turns pale some more, but keeps concentrating on the sight of covered wagon coffins and the disturbing sight of hundreds of flies laying as best they can, but in a hurry, because a fly only lays once on the corner of the lips and on the gums of people lying beside unharnessed horses with their breath no longer serving any purpose. A song, no kidding, comes to John helping his half-brother, blond too, now propped up against the saddle, and it goes like this:

"Black Jack David come a'ridin through the woods,
Singing so loud and merry,
His voice kept ringin' through the green green trees,
*And he charmed the heart of a maiden"**

Several voices several times, one of them's old Ricky Eating's, used to say don't go doing anything around here; only the Bureau of Indian affairs says it's not Indian territory, but it's Cheyenne under the sun as blinding as headlights at midnight, the way they narrow their eyes, they didn't invent the Stetson.
Immobility of the air throbbing with insects, soon white worms would be greasing the articulations, tendons gone, and they'd be crawling along the twigs underneath, gnawing the sanded planks of twenty four new coffins.

*Cliff Carlisle, "Black Jack David," Decca, 1939

It's a climbing plant, like ivy getting in the way of the
deductive process; Franck laughs at the medical students
in Sacramento, like morbid schoolkids wasting their
energy lugging all this stuff this far along the wrong trail.
John can't hold back a cheek-and-throat

"Hmph"

from a narrative tension naive enough to put the wind
up a brother who's half-sick but still solid because he's
squatting now, he tries to defecate, doesn't make it and
gets up and pisses on a cactus.

"Careful!,"

John shouts,

"Don't put another hole in it!"

The urea tinkles against the rock underneath, crackles
a little this time, digging into the ground, the lichen
gurgles and opens up what looks like a crevice.
In fact, there is a real gap in the canyon close by and
the lichen leads there, as the piss is getting colder (it is
a tumulus, Ricky Eating said so). Behind the bushes a
passage bursts open and devastates the underground.
Props, exposed beams, badly cut,

"Real Injun work,"

John calls it.
Franck doesn't agree, his head's still buzzing he says.

"The Apaches don't use that wood for coffins
and......"

Right then a light flickers up ahead, at the far end, and covers the brother's voices; they pull back fast, silent as Mohicans, their padded moccasins get them out with the least possible gravel crunching underfoot, but deadly threatening for the dilated pupils assaulting the depths of their eyes.
They slip away, bent behind a thicket, when they see two dusty fellow creatures with a coffin on their shoulders, panting and wiping their brows.

"Yup yup hip!"

The men jump.

"Yapi chouldinite greeedo! Don't be scared, but what the hell are you doing? You anthropologists?"

"Yeah, that's right, and this is my assistant Guy Matt from Eastern University, and these old bones take up all my time, and my students' too, with the exercises I give them."

"It's not really legit."

"They're only Indians, my friends."

"Put the coffin on the wagon and head for the ranch."

The assistant takes the reins, surprising John while Franck's busy thinking about the other horse and asks:

"You going to hitch up the other one?"

"What other one?"

“The saddled-up sorrel in the bushes.”

The assistant complains about having to get down from the leather cushion on the upright seat, stays hooked to the spruce armrest by his sleeve that's pulled back with a sound of fabric tearing. Perfect answer. Franck doesn't ask again.
All eyes and ears, they're looking towards the horizon, where there would seem to be nothing but a trail of endless problems.

“Maybe an Indian, but he's wearing boots with heels.”

“A queer?”

“No, a cowboy.”

“If he'd been in moccasins, like us, if the copperskinned guy had had his feet tied, he might have made us wonder if he wasn't white and wearing moccasins like us.”

“Okay let's get on the road back to the ranch.”

All of them are frowning, Franck more than the others as the hoofs thud dully on the sand, driving the horse lethargically forward, putting the group on the move parallel to the dusty ground, a horse sneezes.

to be continued

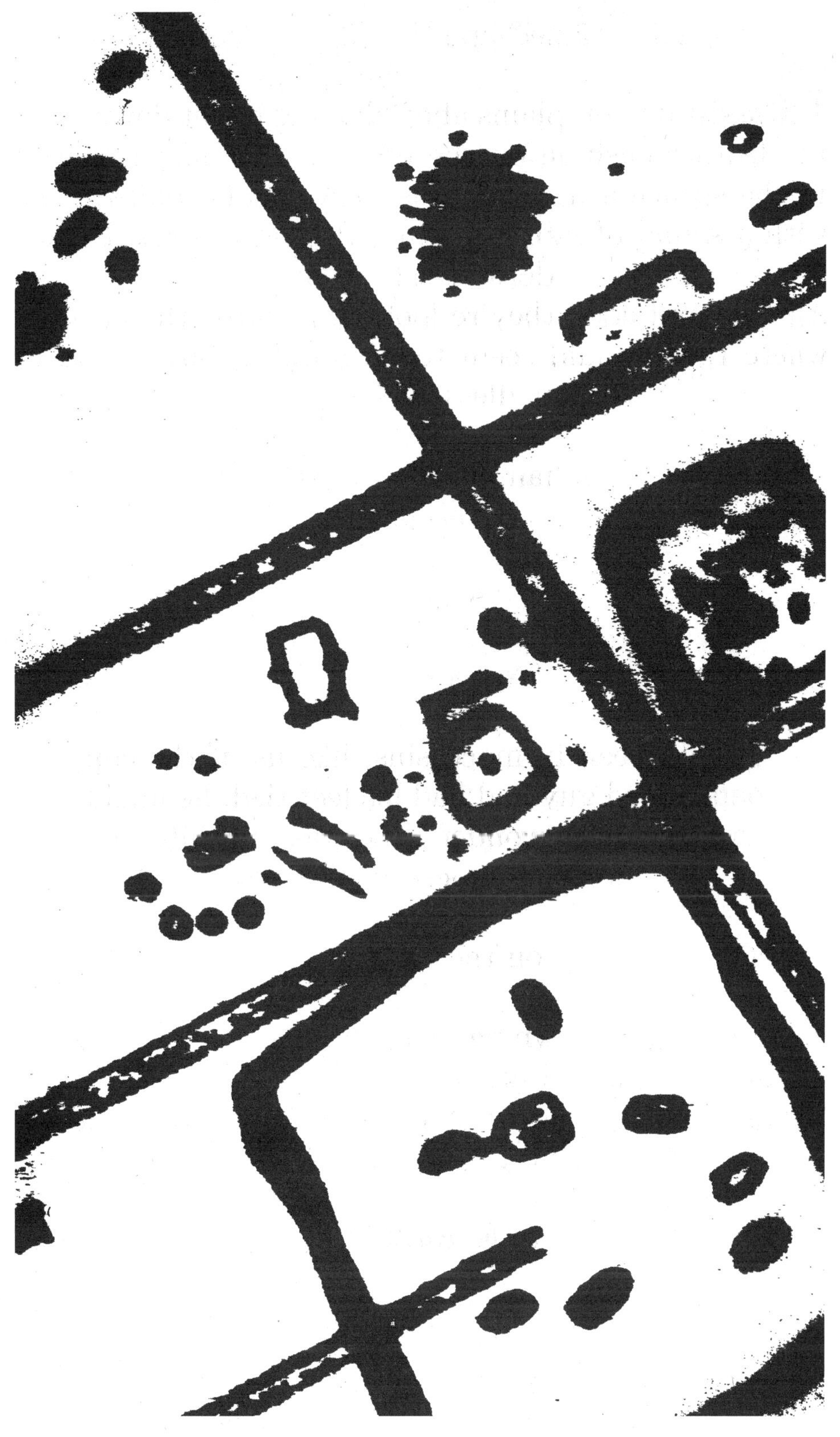

Mondelange "Schemerten," plan of the necropolis

Attraction étrange *est publié à l'occasion
des expositions* — Strange Attraction *is published
on the occasion of the exhibitions*

OÙ L'ON INCENDIE LE DIORAMA
FRAC Champagne-Ardenne, Reims, 23-09/30-10-2011
commissaires — curators
FLORENCE DERIEUX, ANTOINE MARCHAND

ATTRACTION ÉTRANGE
centre d'art contemporain — la synagogue de Delme,
Delme, 25-02/13-05-2012
commissaire — curator
MARIE COZETTE

PYTHAGORAS AND THE MONSTERS
Kunstverein Braunschweig, Braunschweig,
10-03/22-05-2012
commissaire — curator
HILKE WAGNER

L'HOMME DE VITRUVE
Centre d'art contemporain d'Ivry — le Crédac,
Ivry-sur-Seine, 14-09/16-12-2012
commissaire — curator
CLAIRE LE RESTIF

ÉVOCATEUR — 14E PRIX DE LA FONDATION
D'ENTREPRISE RICARD
Fondation d'entreprise Ricard, Paris,
11-10/17-11-2012
commissaire — curator
ELENA FILIPOVIC

Cet ouvrage est publié par les partenaires suivants —
This book is published by the following partners

FRAC CHAMPAGNE-ARDENNE
1, place Museux, F–51100 Reims
contact@frac-champagneardenne.org,
www.frac-champagneardenne.org
directrice — director
FLORENCE DERIEUX
administratrice — administration
STÉPHANIE CLÉMENT
chargé des expositions et des éditions —
exhibitions and publications
ANTOINE MARCHAND
chargé de la diffusion et des publics —
public and education
SÉBASTIEN BOURSE
médiation et communication — publicity and press
ISABELLE BRICHET
régisseur — registrar
FRÉDÉRIC NADEAU
régisseur de la collection — collection
JEAN-MARTIAL DUTHEIL
assistant de projet — project assistant
BENOÎT LAMY DE LA CHAPELLE
secrétaire — office
EDITH SAUTHIER
Le FRAC Champagne-Ardenne reçoit le soutien du
Conseil Régional de Champagne-Ardenne, du Ministère
de la Culture et de la Communication et de la Ville
de Reims — The FRAC Champagne-Ardenne receives
funding from the Regional Council of Champagne-
Ardenne, the Ministry of Culture and Communication,
and the City of Reims.

frac
champagne-
ardenne

CENTRE D'ART CONTEMPORAIN —
LA SYNAGOGUE DE DELME
33, rue Poincaré, F–57590 Delme
cac.delme@wanadoo.fr, www.cac-synagoguedelme.org
directrice — director
MARIE COZETTE
*chargée de la communication et de l'administration —
communication and administration*
AGATHE BORGNE
*chargée des publics et de la médiation —
public and education*
LAURÈNE MACÉ
régisseur — registrar
ALAIN COLARDELLE
La synagogue de Delme reçoit le soutien de la
Drac Lorraine — Ministère de la Culture et de la
Communication, du Conseil Général de la Moselle, du
Conseil Régional de Lorraine et de la commune de
Delme — La synagogue de Delme receives funding from
Ministry of Culture and Communication, the Lorraine
contemporary art authority (DRAC), the regional and
departmental governments of Lorraine and Moselle, and
the municipality of Delme.

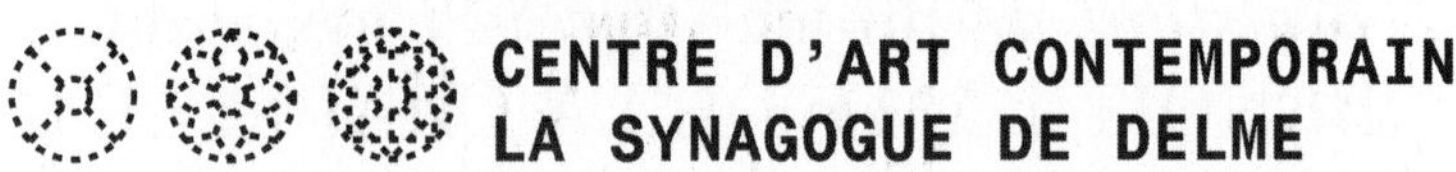

CENTRE D'ART CONTEMPORAIN
LA SYNAGOGUE DE DELME

KUNSTVEREIN BRAUNSCHWEIG E.V.
Haus Salve Hospes, Lessingplatz 12,
D–38100 Braunschweig
info@kunstverein-bs.de, www.kunstverein-bs.de
directrice — director
HILKE WAGNER
assistantes d'exposition — curatorial assistance
NINA MENDE, YVONNE SCHEJA
secrétariat — secretary
CHRISTINE GRÖNING
chargée des expositions — exhibition supervisor
ELISABETH SCHUCHARDT
régie — exhibition technology
RAINER BULLRICH, IRIS SCHNEIDER
monteurs — installation
DAGMAR HAUTH, ADRIAN SCHEDLER
La Kunstverein Braunschweig reçoit le soutien du Stadt
Braunschweig. L'exposition a reçu le soutien du Land
de Basse-Saxe — Kunstverein Braunschweig receives
funding from Stadt Braunschweig. The exhibition was
sponsored by the State of Lower Saxony.

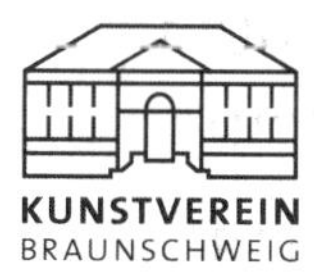

CENTRE D'ART CONTEMPORAIN D'IVRY —
LE CRÉDAC
La Manufacture des Œillets, 25-29 rue Raspail,
F–94200 Ivry-sur-Seine
contact@credac.fr, www.credac.fr
directrice — director
CLAIRE LE RESTIF
directeur adjoint — deputy director
JEAN-LOUIS TROCHERIE
*responsable de la communication—
head of communication*
AXELLE BLANC
*responsable du bureau des publics —
head of the public outreach dept*
LUCIE BAUMANN
médiateurs — mediator
MATHIEU GILLOT, RÉMY BRIÈRE
Le Crédac reçoit le soutien de la Ville d'Ivry-sur-Seine, de
la Direction Régionale des Affaires Culturelles d'Île-de-
France (Ministère de la Culture et de la Communication),
du Conseil Général du Val-de-Marne et du Conseil
Régional d'Île-de-France.

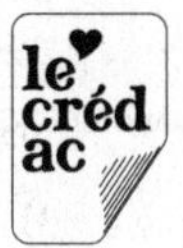

MARCELLE ALIX, PARIS
4, rue Jouye-Rouve, F–75020 Paris
demain@marcellealix.com, www.marcellealix.com
directrices — directors
ISABELLE ALFONSI, CÉCILIA BECANOVIC

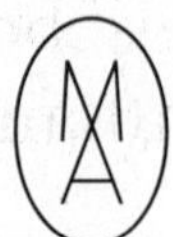

FONDATION D'ENTREPRISE RICARD
12, rue Boissy d'Anglas, F–75008 Paris
www.fondation-entreprise-ricard.com
directrice — director
COLETTE BARBIER

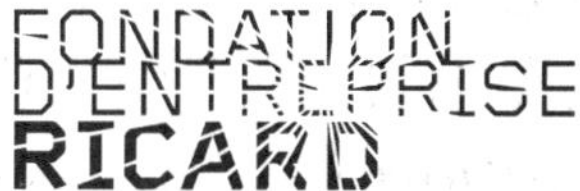

I. I. I. I. (INTERNATIONAL INSTITUTE
FOR IMPORTANT ITEMS)
17, rue Brochant, F–75017 Paris
www.iiiiassociation.org
présidente — president
CHLOÉ MAILLET
secrétaire — secretary
LOUISE HERVÉ

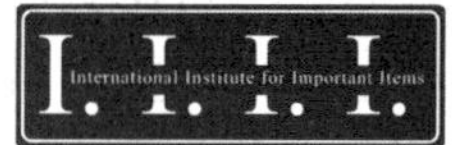

Cet ouvrage est publié avec le soutien du — This book is published with the support of **cnap** Centre national des arts plastiques (aide au premier catalogue), Ministère de la Culture et de la Communication.

Il a été tiré de cet ouvrage une édition de tête de 10 exemplaires, numérotés de 1 à 10 et signés par les artistes — It exists of this book a limited edition of 10 copies, numbered 1–10 and signed by the artists.

direction éditoriale — editors
LOUISE HERVÉ & CHLOÉ MAILLET

coordination éditoriale — editorial coordination
ISABELLE ALFONSI, CÉCILIA BECANOVIC,
MARIE COZETTE

textes — texts
STÉPHANE BÉRARD, LOUISE HERVÉ
& CHLOÉ MAILLET, CÉLINE MINARD,
EMMANUELLE PIREYRE

traductions — translations
MATTHEW CUNNINGHAM, ANNA PREGER,
JOHN TITTENSOR

design graphique — graphic design
COLINE SUNIER & CHARLES MAZÉ

illustration de couverture — cover image
ÉLODIE BOUÉDEC

quatrième de couverture — back cover
DOMINIQUE BERTAIL

illustrations des pages intérieures — illustrations
LOUISE HERVÉ & CHLOÉ MAILLET

impression — printing
IMPRIMERIE DELFERRIÈRE,
HAYEZ

les artistes souhaitent remercier —
the artists wish to thank
OLIVIER BOSSON, MATHILDE DU PASQUIER,
THOMAS GOLSENNE, MICHÈLE ET JEAN-
JACQUES HERVÉ, GUILLAUME HERVIER-
LANOT, BASIL MAILLET, SÉBASTIEN MARTINS,
MICHÈLE MONORY, SORAYA RHOFIR, FABIEN
VEHLMANN, PIERRE VIELLARD

Imprimé en Europe — Printed in Europe

distribué par — distributed by
JRP|RINGIER
Limmatstrasse 270
CH–8005 Zurich
T +41 (0) 43 311 27 50
F +41 (0) 43 311 27 51
E info@jrp-ringier.com
www.jrp-ringier.com

ISBN 978-3-03764-308-2

Les ouvrages publiés par JRP|Ringier sont disponibles dans le réseau international de librairies spécialisées et sont distribués par les partenaires suivants — JRP|Ringier books are available internationally at selected bookstores and from the following distribution partners :

Suisse — Switzerland
AVA Verlagsauslieferung AG
Centralweg 16, CH–8910 Affoltern a.A.
verlagsservice@ava.ch, www.ava.ch

France
Les presses du réel
35 rue Colson, F–21000 Dijon
info@lespressesdureel.com, www.lespressesdureel.com

Allemagne et Autriche — Germany and Austria
Vice Versa Distribution
Immanuelkirchstrasse 12, D–10405 Berlin
info@vice-versa-distribution.com,
www.vice-versa-distribution.com

Royaume-Uni et Europe —
UK and other European countries
Cornerhouse Publications
70 Oxford Street, UK–Manchester M1 5NH
publications@cornerhouse.org,
www.cornerhouse.org/books

USA, Canada, Asia, and Australia
ARTBOOK | D.A.P.
155 Sixth Avenue, 2nd Floor
USA–New York, NY 10013
dap@dapinc.com, www.artbook.com

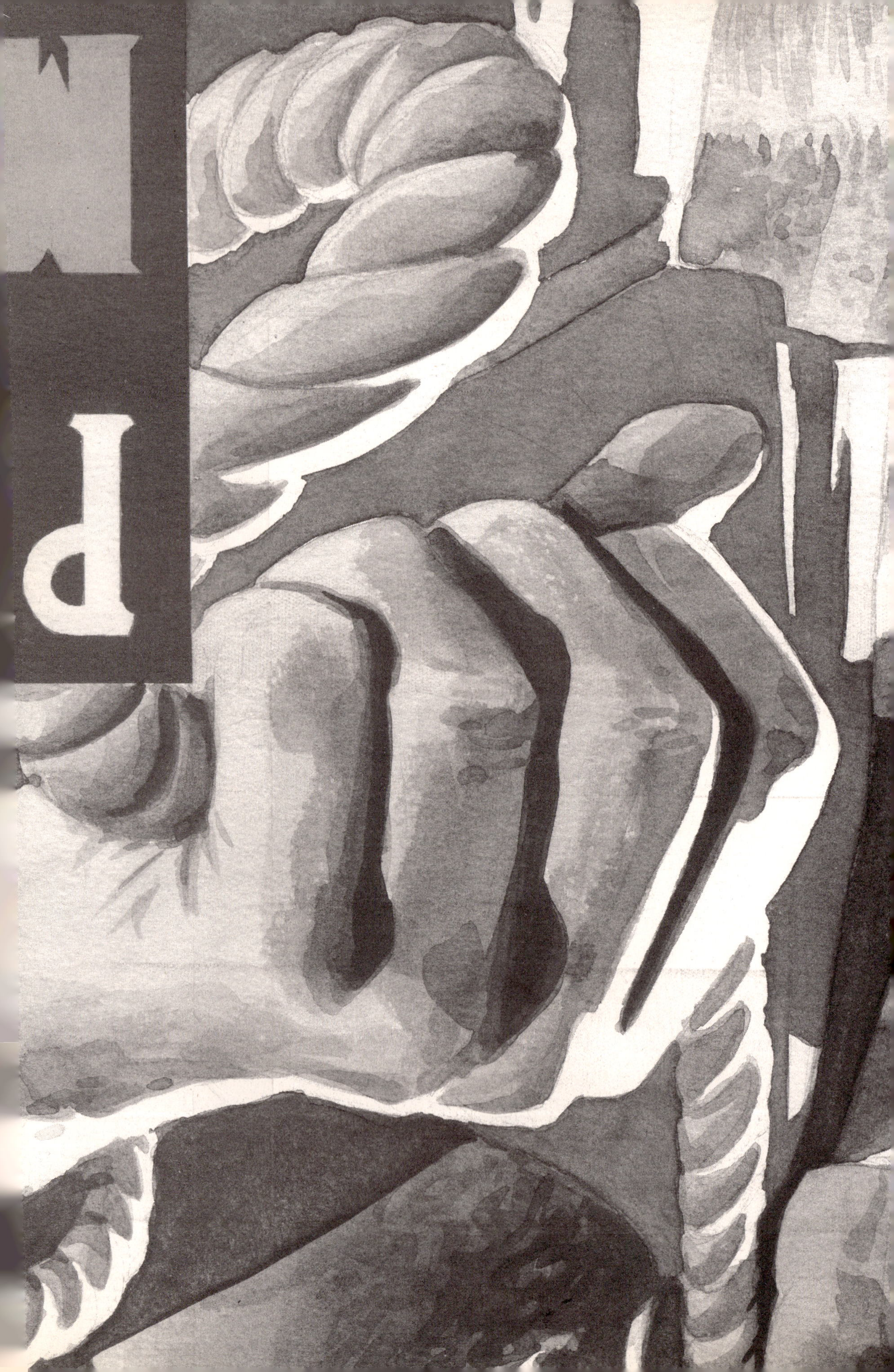